Hildegard Krug

Tom und Toni und der schöne Frühling

Verlag der
St.-Johannis-Druckerei
C. Schweickhardt
Lahr-Dinglingen

Liebe Kinder,

wenn ihr erfahren wollt, was Tom und Toni vorher erlebten, laßt euch auch die drei ersten Bände schenken:

Hildegard Krug, Tom und Toni auf dem Tannenhof
(Bestell-Nr. 73 619)
Hildegard Krug, Tom und Toni ziehen in die Stadt
(Bestell-Nr. 73 622)
Hildegard Krug, Tom und Toni und das Hochzeitsfest
(Bestell-Nr. 73 625)

CIP-Titelaufnahme der Deutschen Bibliothek:

Krug, Hildegard:
Tom und Toni und der schöne Frühling / Hildegard Krug. – Lahr-Dinglingen :
St.-Johannis-Dr. Schweickhardt, 1991
(TELOS-Bücher ; Nr. 73626)
ISBN 3-501-00971-2
NE: GT

ISBN 3 501 00971 2

TELOS-Bücher
TELOS-Kinderbuch Nr. 73626

Umschlagbild: Sarah Kay
Textillustrationen: Emmy-Claire Haag
Gesamtherstellung:
St.-Johannis-Druckerei C. Schweickhardt, 7630 Lahr-Dinglingen
Printed in Germany 10303/1991

Inhalt

Frühlingsluft

Die mutterlosen Zwillinge Tom und Toni Osterwald sind auf dem Tannenhof aufgewachsen, bei ihrer geliebten Großmutter Alwine Tanner und bei ihrem Onkel Till. Aber als sie zur Schule kommen sollten, gab es ein Problem: dort auf dem Lande war keine Schule mehr in der Nähe. Zum Glück hatten sie Tante Lilo kennengelernt, die eigentlich Liselotte Kingstone-Rosenbrink heißt. Tante Lilo bot sich an, die Zwillinge bei sich aufzunehmen. Sie wohnt mit ihrer Tante Frau Else Witt und mit ihrer kleinen Tochter Margit zusammen in einem geräumigen älteren Haus mit Garten in Bad Homburg.

Diese Stadt liegt ganz in der Nähe von Frankfurt am Main, und in Frankfurt wohnt der Kaufmann Armin Osterwald, der Vater der Zwillinge. Ja, das war ein guter Vorschlag von Tante Lilo. Die Zwillinge können ihren Vater jetzt viel öfter sehen. Sie gehen in Bad Homburg zur Schule und sonntags in den Kindergottesdienst. Zu Anfang fühlten sie sich fremd in der Stadt, aber jetzt haben sie sich schon ganz gut eingelebt. –

Heute ist schönes Wetter. Es ist März, und die Sonne hat schon wieder Kraft. Die Zwillinge haben zuerst ihre Schulaufgaben erledigt; dann sind sie hinausgelaufen in den Garten. Dieser Garten in Alt-Gonzenheim in Bad Homburg war ganz anders als der Garten daheim auf dem Tannenhof. Hier war der Garten von einer Mauer umschlossen. Es wuchs da kein Gemüse, und es gab auch keine Obstbäume. Ein Rasenplatz war da mit einer Stange zum Teppichklopfen und mit Leinen zum Wäschetrocknen. In den Ecken waren einige Sträucher angepflanzt, und ein paar Blumen waren auch zu finden.

Die Kinder freuten sich über den Garten. Sie hatten ihren Ball mitgenommen, und dann hatte Tante Else in einer Kiste auf dem Dachboden noch altes Spielzeug von früher gefunden: einen Kreisel, einen Reifen, ein Säckchen mit Murmeln, ein Springseil. Das mußte nun alles ausprobiert werden!

Margit, Tante Lilos kleine Tochter, die noch nicht zur Schule ging, spielte am liebsten mit dem jungen schwarzen Kater Blacky, den Großmutter Tanner den Kindern in den Herbstferien mitgebracht hatte.

Als sie gerade mitten im schönsten Spiel waren, rief Tante Else: »Kommt herein, Kinder. Es ist Abendbrotzeit.«

Margit nimmt ihren Blacky auf den Arm und trottet ins Haus. Tom brummelt, und Toni mault ein bißchen: die Zwillinge möchten gerne noch länger draußen bleiben. Aber damit kommen sie nicht durch bei Tante Else. Die hält auf Ordnung

und Pünktlichkeit. Sie ist nicht sehr groß und ziemlich dünn, doch voller Energie!

Als sie sich alle um den Abendbrottisch versammelt haben, seufzt Toni: »Heute war es richtig schön draußen. Der Himmel war ganz blau.«

»Ja, er schimmert wie Seide«, fügt Tante Lilo hinzu.

»Und die Sonne hat schon tüchtig gewärmt«, sagt Margit.

»Die Luft – die war einfach ganz anders!« ruft Tom.

Tante Else nickt: »Das war eben die Frühlingsluft. Nach dem Essen werde ich euch ein Gedicht vorlesen. Das handelt von der linden Frühlingsluft.«

»Ist es von Goethe?« fragt Toni interessiert. Seit die Zwillinge in Bad Homburg wohnen, haben sie schon manches gelernt und manches gesehen, unter anderem auch das Geburtshaus des großen Dichters Johann Wolfgang von Goethe im Großen Hirschgraben in Frankfurt. Seitdem hören sie gern Gedichte. Sie haben sogar selber zwei Gedichte verfaßt – mit den Erwachsenen zusammen. Das war im Herbst, und diese Gedichte waren für Onkel Tills Hochzeit bestimmt. Eigentlich wurden es Lieder, denn man kann sie sogar singen, und diese Lieder, von denen das eine den Tannenhof besingt, waren ein großer Erfolg auf der Hochzeit in den Herbstferien.

Tante Else erwidert: »Ja, Goethe hat auch schöne Frühlingsgedichte gemacht. Aber das Gedicht von der linden Frühlingsluft ist nicht von Goethe, sondern von Ludwig Uhland. Er hat etwas später gelebt als Goethe und stammt aus Schwaben. Und dies ist sein Gedicht:

Frühlingsglaube

Die linden Lüfte sind erwacht,
sie säuseln und weben Tag und Nacht,
sie schaffen an allen Enden.
O frischer Duft, o neuer Klang!
Nun, armes Herze, sei nicht bang!
Nun muß sich alles, alles wenden.

Die Welt wird schöner mit jedem Tag,
man weiß nicht, was noch werden mag,
das Blühen will nicht enden.
Es blüht das fernste, tiefste Tal:
Nun, armes Herz, vergiß der Qual!
Nun muß sich alles, alles wenden.«

»Mir gefällt das Gedicht«, sagt Toni vergnügt.

Tom drückt mit seinem rechten Zeigefinger gegen seine Nase. Das tut er immer, wenn er scharf nachdenkt. »Eines verstehe ich dabei nicht«, murmelt er. »Warum soll sich alles umwenden?«

»Da hast du nicht genau zugehört«, erklärt ihm Tante Lilo. »Nicht *alle* sollen sich umwenden, sondern *alles* muß sich wenden. Das bedeutet, daß nun alles anders wird, wenn der Frühling kommt.«

Tom ist oft ein richtiges kleines »Fragezeichen«. Er fragt weiter: »Was wird anders?« –

»Es wird warm, man braucht nicht mehr zu heizen!« ruft

Margit. Das Haus in Alt-Gonzenheim hat nämlich noch keine Zentralheizung, und Margit weiß, daß es allerhand Mühe macht, die Öfen zu heizen.

»Die Bäume werden wieder grün, die Blumen fangen an zu blühen, die Tiere im Walde – wie zum Beispiel der Igel – wachen auf aus dem Winterschlaf, und die Zugvögel kehren aus dem Süden zurück«, fährt Toni fort.

Jetzt fällt auch Tom etwas ein: »Die Autofahrer freuen sich auch! Jetzt sind die Straßen wieder trocken, kein Schnee und kein Glatteis.«

»Die alten Leute trauen sich wieder ins Freie«, fügt Margit hinzu.

Tonis Blick wird dunkel und traurig. »Ja, und die Landstreicher – ich meine, die kein Haus und keine Wohnung haben . . .«

»die Nicht-Seßhaften«, ergänzt Tante Lilo.

»Ja, die Nicht-Seßhaften, die in den Parks schlafen und in den U-Bahn-Schächten und in den Torbögen, die brauchen jetzt nicht mehr zu erfrieren.«

Als Toni zum ersten Male solche Nicht-Seßhaften gesehen hat in Frankfurt, hat sie das richtig erschüttert. Solche Menschen hat sie auf dem Tannenhof nie erblickt. –

Nachdem Tante Else noch den Tagesabschnitt aus einem Kinderandachtsbuch vorgelesen und das Abendgebet gesprochen hat, setzt sie sich ans Klavier. Jetzt soll noch ein Frühlingslied gesungen werden! Tante Else stimmt an, und Tante Lilo fällt ein.

»Der Frühling hat sich eingestellt!
Wohlan, wer will ihn sehn?
Der muß mit mir ins freie Feld,
ins grüne Feld nun gehn.«

Bald haben auch die Kinder dieses Lied gelernt. Sie freuen sich, daß der Frühling gekommen ist.

Der Umwelthund

Heute sind die Zwillinge wie zwei übersprudelnde Brunnen, als sie von der Schule nach Hause kommen. – »Wir haben heute einen Spaziergang gemacht«, erzählen sie atemlos; »mit unserer Lehrerin Frau Baierlein.«

»Mir scheint, ihr geht ziemlich oft spazieren«, bemerkt Tante Else. –

»Nein, nicht oft«, widerspricht Tom. »Bisher nur einmal. Das war im vorigen Jahr, im Herbst.«

»War es wieder ein naturkundlicher Spaziergang, wo ihr Bäume, Sträucher und Blumen angeschaut habt?« erkundigt sich Tante Lilo.

Toni nickt strahlend. »Jawohl. Damals waren es die Holundersträucher; heute waren es die Weidensträucher. Die haben so hübsche Kätzchen im Frühling. Ganz gelb getupft; das ist der Blütenstaub, hat Frau Baierlein gesagt. Leider sind die Menschen sehr dumm. Die schneiden sich die Weidenkätzchen ab und nehmen sie mit. Weil sie so hübsch sind. Es ist aber verboten. Die Bienen brauchen sie dringend. Sie finden ja jetzt noch nicht viel Honig. Es blüht noch zu wenig. Darum darf man den Bienchen die Weidenkätzchen nicht wegnehmen.« Und gleich fängt Toni an zu singen: »Summ, summ, summ – Bienchen summ herum!«

»Blumen waren noch nicht viele da«, erzählt Tom weiter. »Nur auf einem Baugrundstück fanden wir welche. Die hatten gelbe Blüten, – ähnlich wie der Löwenzahn; nur kleiner. Sie heißen Huf-, Huf-, Hufnagel!« Toni schüttelt den Kopf. »Nein, das war es nicht. Kein Nagel. Kein Hufnagel. Huf-, Huf-, Hufladen!«

»Ihr meint wohl Huflattich?« schlägt Tante Else vor.

»Genau! Das war's!« rufen die Zwillinge vernügt.

»Es ist ja eigentlich komisch«, fährt Toni fort, »denkt nur, die Blumen haben Familien – wie die Menschen. Und der Huf- Huflattich gehört zur Familie der Korbblüter – hat Frau Baierlein gesagt. Man denkt, es wären lauter Blütenblätter in seinem Blütenkörbchen. Aber das stimmt nicht. Es sind keine Blütenblätter, sondern einzelne kleine Zungenblüten. Beim Löwenzahn ist es genauso. Nur hat der Löwenzahn ganz andere Blätter als der Huflattich. Die Löwenzahnblätter sind gezackt – eben wie Löwenzähne! Die Blätter vom Huflattich kommen später als seine Blüten. Sie werden groß – hat Frau Baierlein gesagt –, und auf der Unterseite sind sie weißlich, wie Filz. Die Wurzeln der Blätter sind unerhört lang, man kriegt sie nie heraus. Ein Schriftsteller hätte auch mal welche gehabt in seinem Garten – hat Frau Baierlein erzählt –, und der meinte, die Wurzeln der Huflattichblätter würden einfach weiterwachsen – nach unten – durch die ganze Erdkugel hindurch, bis sie auf der andern Seite wieder herauskommen!«

– »Sie sind aber nützlich, die Huflattichblätter«, fällt Tom ein. »Man kann Tee daraus machen; ist gut gegen Husten.«

»Da habt ihr ja wieder eine Menge gelernt auf eurem naturkundlichen Spaziergang«, stellt Tante Else fest. »Was hat euch denn am meisten beeindruckt?«

»Das war der Umwelt-Hund!« schreien die Zwillinge wie aus einem Mund.

Umwelt-Hund? Da staunen Tante Else und Tante Lilo. Was soll denn das für ein Tier sein?

Tom und Toni erklären es ihnen gern: »Das war ein Hund, den hatte sein Frauchen abgerichtet, daß er allen Abfall im Walde aufsammelte. Voller Eifer schnüffelte er überall in den Büschen herum und brachte seinem Frauchen weggeworfenes Papier, leere Dosen, Milchbeutel, Zigarettenschachteln und was sonst noch so herumliegt. Viele Menschen sind ja blöd, die schmeißen den Abfall einfach in den Wald. Da kann der schöne Wald leicht zu einem großen Müllhaufen werden – hat Frau Baierlein gesagt. Der fleißige Umwelthund schnappte sich die Abfälle und brachte sie schwanzwedelnd seinem Frauchen. Die tat alles in einen großen Beutel, und der kam nachher in den Müll. Sie lobte ihren treuen Hund, und der freute sich. Manchmal sind die Tiere gescheiter als die Menschen – hat Frau Baierlein gesagt.«

»Da hat sie recht«, meint Tante Lilo. »Wenn wir mehr ›Umwelt-Hunde‹ hätten, wären unsere Wälder und Parks bald wieder ordentlich, sauber und schön. Es dürfen ruhig auch ›zweibeinige Umweltschützer‹ dabei sein!«

Der Harkenton

Und wieder geht ein schöner Frühlingstag zu Ende. Mittags ist es schon richtig warm gewesen in der Sonne. Aber wenn die Sonne sinkt, wird es wieder kühl. Abends kann man noch nicht draußen sitzen auf der Terrasse. Also sitzt man drinnen um den großen Eßtisch.

»Kennst du vielleicht noch ein schönes Frühlingsgedicht, Tante Else?« fragt Toni erwartungsvoll. Die Zwillinge lieben Gedichte und Lieder.

»O ja«, versichert Tante Else. »Wißt ihr, wir haben früher viele Gedichte gelernt in der Schule.«

»Und die kannst du heute noch?« staunt Tom.

Tante Else nickt. »Ja, was man in der Kindheit richtig gelernt hat, das behält man fürs Leben. – Das Gedicht ist von Eduard Mörike. Er stammt auch aus Schwaben, wie der Dichter Ludwig Uhland; nur ist er 17 Jahre später zur Welt gekommen. Das wird euch kaum interessieren. – Und so lautet sein Frühlingslied:

Er ist's

Frühling läßt sein blaues Band
wieder flattern durch die Lüfte;
süße, wohlbekannte Düfte
streifen ahnungsvoll durchs Land.
Veilchen träumen schon,
wollen balde kommen.
Horch, von fern ein leiser Harfenton!
Frühling, ja du bist's!
Dich hab' ich vernommen!«

Tom hat aufmerksam zugehört. Jetzt schüttelt er den Kopf. »Also, das andere Frühlingsgedicht, worin alles anders werden soll, hat mir besser gefallen. Na ja, vielleicht war es damals so, als der Herr Möhre gelebt hat.«

»Mörike«, verbessert Tante Else. –

»Möhrke oder Möreke oder Mörike ist doch alles eins«, behauptet Tom.

»Ja, damals sind vielleicht im Frühling blaue Bänder durch die Luft geflattert. Heute tun sie das nicht mehr. Oder habt ihr schon mal eines gesehen?«

»Doch, ich habe schon mal ein Band gesehen«, meldet sich die kleine Margit zu Wort. »Ein Flugzeug zog es hinter sich her. Es war aber nicht blau, sondern rot. Mami sagte, es sei eine Reklame gewesen. Ich kann ja noch nicht lesen, darum weiß ich nicht, was auf dem roten Band gestanden hat.«

»Vielleicht ist mit dem blauen Band der blaue Himmel gemeint«, vermutet Toni. »Bei einem Dichter darf man das nicht so genau nehmen. Ich mag das Gedicht von dem Herrn Möhrchen; wegen der Harke.«

»Harke?« wundert sich Tante Lilo. »Es kam ja keine Harke darin vor.«

»O ja, da kam wohl eine darin vor«, versichert Toni. »Erinnerst du dich nicht an den ›Harkenton‹, Tante Lilo?«

»Das hast du falsch verstanden«, erklärt ihr Tante Else. »In dem Gedicht von Mörike ist nicht von einem ›Harkenton‹ die Rede, sondern von einem Harfenton.«

»Na, das ist aber dumm«, ereifert sich Toni. »Kein Mensch hört hier jemals einen Harfenton. Weil kein Mensch eine Harfe hat. Die sind viel zu teuer.«

»Aber der König David, der konnte wunderschön auf der Harfe spielen«, erinnert sich Tom.

»Ich hab' mal eine Harfenspielerin gesehen – im Fernsehen«, wirft Margit ein. »Die Harfe war sehr groß.«

»Vielleicht hat der Dichter Mörike auch an eine Windharfe gedacht«, überlegt Tante Lilo. »Solche Windharfen oder Aeolsharfen hat man früher manchmal in die Bäume gehängt. Wenn dann der Wind durch die Bäume strich, gab es einen leisen Harfenton.«

Toni ist nicht von ihrer Meinung abzubringen. »Was hat denn eine Harfe oder eine Windharfe mit dem Frühling zu tun? Gar nichts! Aber eine Harke, die gehört zum Frühling. Ich habe Ally (so nennen die Zwilinge Großmutter Alwine Tanner auf dem Tannenhof) doch schon oft geholfen im Garten, ich weiß genau, wie es geht im Frühling. Zuerst muß das Gemüseland umgegraben werden – mit dem Spaten. Wenn man aber schon im Herbst gegraben hat und es hat tüchtig gefroren, dann ist das nicht nötig, dann ist die Erde schon locker und krümelig.

Nun werden die Beete abgesteckt, und dann nimmt Ally die Hacke und lockert die Erde. Danach kommt der Dreizack dran – und zuletzt die Harke. Mit der wird alles ganz fein geharkt. Jetzt ist das Beet fertig. Ally zieht Furchen mit dem Harkenstiel, und ich durfte den Samen ausstreuen in die Rillen. Dann wird alles wieder vorsichtig zugerecht mit der Harke, und die Erde wird angeklopft oder angedrückt. Ja, das weiß ich alles, denn ich habe ja oft genug zugeschaut. Nun braucht man nur noch zu warten, daß ein warmer Regen kommt und dann Sonnenschein, dann keimt der Same in der Erde. Ohne Harke geht es gar nicht! Die Harke gehört zum Frühling.« – Toni bleibt dabei: »Es muß ein Druckfehler sein! Nicht Harfenton, sondern Harkenton.«

Der Dichter Eduard Mörike kann nichts dazu sagen, denn er ruht ja schon seit über 100 Jahren in der kühlen Erde.

Die beste Zeit im Jahr ist mein

Es hatte sich so eingebürgert in Tante Elses Haus, daß immer nach der Abendandacht und nach dem Abendgebet noch ein Lied gesungen wurde. Oft war es ein Abendlied oder ein geistliches Volkslied; und jetzt im Frühling hatten es die Kinder gern, wenn ein Frühlingslied angestimmt wurde. Heute hatte Tante Else die Kinder wieder ein neues Lied gelehrt. Es war von Martin Luther und fing so an:

»Die beste Zeit im Jahr ist mein,
da singen alle Vögelein.
Himmel und Erde ist der voll,
viel gut Gesang da lautet wohl.«

Nachher hat Tante Else noch in der Küche zu tun. Tom folgt ihr, denn ihm brennen manche Fragen auf der Seele.

»Tante Else«, beginnt das »kleine Fragezeichen« zögernd, »du hast doch gesagt, das Lied, das wir heute gesungen haben, hätte Martin Luther gedichtet.«

»So ist's«, bestätigt Tante Else.

»Martin Luther, – das ist doch der, der die Bibel ins Deutsche übersetzt hat, nicht wahr?« fragt Tom weiter, und Tante Else nickt. »Und von ihm ist auch das Lied von der festen Burg und das Weihnachtslied ›Vom Himmel hoch da komm ich her‹«, – erinnert sich Tom. »Und nun hat er auch ein Frühlingslied gedichtet. Das hätte ich gar nicht gedacht; weil er doch ein sehr gelehrter Mann und sogar ein Doktor war. Das hat uns unsere Kindergottesdiensthelferin Katrin erzählt; am Reformationstag. – Alle besingen sie den Frühling. Der soll die beste Zeit im Jahr sein. Warum gerade der Frühling? Der Sommer ist doch auch so schön; und der Herbst! Und der Winter . . .«

»Wir haben ja neulich schon davon gesprochen«, erklärt Tante Else. »Im Frühling erwacht alles zu neuem Leben nach dem Winterschlaf: die Wiesen werden grün, die Blumen gukken aus der Erde, die Hummeln und die Bienen fliegen aus, die Vögel singen so fröhlich und bauen ihre Nester, die Bäume schlagen aus. Alles ist neu und frisch, voller Leben und Freude. Wenn es so dunkel ist im Winter, fühlen sich die Menschen oft bedrückt. Jetzt werden sie wieder froh – wie die Vögel und die Blumen. Die Burschen bringen ihren Mädchen Blumen, sie gehen Hand in Hand durch den Park oder sitzen auf einer Bank und freuen sich des Lebens. Aber es gibt auch Menschen, die traurig sind, weil sie einsam sind. Sie denken daran, daß es auch in ihrem Leben einen Frühling gegeben hat, wo sie nicht allein waren, sondern einen Menschen hatten, der ganz nahe zu ihnen gehörte. Und nun ist dieser geliebte Mensch nicht mehr da, und sie sind allein, und dann macht der Frühling ihr Herz nicht leicht, sondern schwer.«

Tom drückt seinen rechten Zeigefinger gegen die Nase und

denkt nach. »So wie du, Tante Else«, sagt er dann. »Du hast ja auch mal einen Mann gehabt. Aber der kam nicht aus dem Krieg zurück. Und nun bist du allein.«

Frau Else Witt lächelt wehmütig. »Ja, wenn man noch jung ist, dann ist das Herz heiß und ungestüm, voller Wünsche und Träume und Sehnsüchte. Dann ist es schwer, einsam zu sein im Frühling. Aber das ist lange her. Heute fühle ich mich nicht mehr einsam. Ich habe ja meine liebe Nichte Lilo bei mir und euch Kinder. Nein, ich bin nicht einsam. Ich bin ein glücklicher und zufriedener Mensch.«

Tom denkt weiter nach. »Aber unser Papi – der ist allein in Frankfurt – ganz allein. Denn wir sind ja nicht immer bei ihm. Und unsre Mutti ist in den Himmel gegangen, als wir noch ganz klein waren. Wir haben sie gar nicht gekannt.« –

Tante Else seufzt. »Auch meine Nichte Lilo ist allein. Und sie ist doch noch jung . . . Die amerikanischen Eltern ihres Ehemannes Ted Kingstone wollten kein armes deutsches Mädchen als Schwiegertochter haben. Sie waren nämlich sehr reich. Da ruhten sie nicht, bis sie die Ehe ihres Sohnes auseinander gebracht hatten. Seitdem ist meine Nichte allein. Sie muß angestrengt arbeiten, um sich und ihre kleine Tochter durchzubringen. Von den herzlosen Verwandten in Amerika will sie ja nichts annehmen. Die wissen gar nicht, daß sie eine kleine Tochter hat.«

Da muß Tom widersprechen: »Nein, Tante Lilo ist nicht allein. Überhaupt nicht. Sie hat ja dich und Margit und uns. Und wenn ich groß bin, heirate ich sie! Dann kriegt sie alles, was sie sich wünscht.«

Frau Else Witt erwidert nichts darauf; sie streicht Tom nur liebevoll über sein widerspenstiges blondes Haar.

Debbie und Trabbi

Es ist Pause. Die Grundschüler tummeln sich auf dem Schulhof. Das lacht und schreit, das hüpft und springt, das schnattert und zetert. Nur eine kleine Erstkläßlerin steht abseits, ganz für sich allein und starrt traurig vor sich hin. Debbie Sitwell, eine Klassenkameradin der Zwillinge, hat sie zuerst erspäht; und jetzt kommen auch die Zwillinge angerannt.

»Warum stehst du hier so allein, Trabbi?« fragt Toni, und Tom fährt fort: »Warum siehst du so betrübt aus, wo es doch Frühling ist, eine Jahreszeit, wo die Menschen froh sein sollen? Fehlt dir was?«

Das Mädchen nickt heftig und flüstert: »Ja, ein Zwilling. Das ist es, was ich brauche. Ein Zwilling.«

»Ein Zwilling?« wiederholt Debbie verblüfft. »Warum denn das?«

»Weil man dann nie mehr allein ist«, erklärt das traurige Mädchen. »Man ist immer zu zweit. Dann ist man stark. Man braucht keine Angst zu haben. Was der eine nicht kann, das kann der andere, und was der eine nicht schafft, das schafft der andere. Man hat immer jemanden zum Spielen, und es ist immer jemand da, dem man was erzählen kann. Ja, es muß herrlich sein, einen Zwilling zu haben!«

Tom und Toni haben mit offenem Mund zugehört. Natürlich sind sie froh darüber, daß sie Zwillinge sind, aber so genau haben sie noch nicht darüber nachgedacht, was das alles für Vorteile mit sich bringt. Dann räuspert sich Toni. »Es tut uns leid, Trabbi. Aber als Zwilling wird man geboren. Wenn man keinen Zwilling hat, kann man nichts machen. Es läßt sich nicht ändern.«

Tom denkt an das, was Tante Else gesagt hat. Manche Menschen sind traurig im Frühling, weil sie allein sind. – »Bist du viel allein, Trabbi?« erkundigt er sich teilnahmsvoll.

»Fast immer«, seufzt das Mädchen. »Meine Eltern arbeiten

beide. Sie sind froh, daß sie Arbeit gefunden haben. Daheim haben sie auch immer gearbeitet. Aber da war Oma. Ich war nicht allein.«

»Und wo ist deine Oma jetzt?« möchte Debbie wissen. »Ist sie nicht mit euch rüber gefahren?«

Trabbi heißt in Wirklichkeit Tatjana Trabert. Sie ist erst vor kurzem in die Grundschule von Bad Homburg gekommen. Ihre Eltern sind Übersiedler aus der DDR.

»Meine Oma ist gestorben«, erzählt Tatjana zögernd. »Sie wollte nicht weg. Sonst wären wir schon früher weggefahren.

Sie sagte, sie sei zu alt. Als sie tot war, wollte mein Vater nicht mehr länger warten. Er sagte: ›Nichts wie ab‹, – und dann fuhren wir los. Es blieb alles da: das Haus, der Garten, meine Schule, meine Freundinnen. Hier bin ich allein. Und keiner kann mich leiden. Ihr lacht mich aus und nennt mich ›Trabbi‹, weil unser Auto nicht so schön ist wie eure Autos, und weil es von außen nur aus Plastik ist und nicht aus Blech.«

»Das ist nicht wahr!« ruft Toni hitzig. »Keiner lacht dich aus. Hier bei uns haben sich alle gefreut, als die ersten ›Trabbis‹ über die Grenze kamen. Wir mögen sie, die ›Trabbis‹. Das ist nur ein lustiger Kosename, weil du doch ›Trabert‹ heißt, kein Spitzname.«

»Ich möchte aber viel lieber ›Jana‹ genannt werden«, murmelt Tatjana.

»Gut, wird gemacht«, verspricht ihr Toni. »Und du mußt nicht denken, daß wir hier alle tolle Wagen haben. Ist gar nicht wahr. Unsere Pflegemutter hat nur einen kleinen, uralten Volkswagen, solch einen richtigen ›Käfer‹. Er ist grün, darum nennen wir ihn ›Fröschle‹. Wir lieben ihn sehr, auch wenn er klein und alt ist.«

»Nur unser Papi fährt einen BMW«, fügt Tom hinzu. »Der ist silbergrau. Er braucht ihn, denn er ist viel unterwegs.« –

Jetzt macht Debbie noch einen Schritt auf Tatjana zu. Ihre dunklen Augen funkeln lustig. »›Richtige‹ Zwillinge können wir ja niemals werden; wollen wir dafür nicht ›heimliche Zwillinge‹ sein? Niemand soll etwas davon wissen, nur wir vier. In der Klasse nennen wir dich jetzt ›Jana‹, und niemand weiß, daß wir im geheimen die vergnügten Zwillinge ›Debbie und Trabbi‹ sind. Ein Zeichen soll es doch geben: wir wollen von nun an immer die gleichen T-Shirts tragen. Das ist unser Geheimzeichen.«

Sprachlos starrt Tatjana die dunkelhäutige Debbie an. Sie kommt ihr so fremd vor. In ihrer Schule daheim in der DDR gab es keine Kinder mit schokoladenbrauner Haut und schwarzem Krusselhaar. »Kommst du aus Afrika?« fragt sie stockend.

»Nein, gar nicht«, fällt Toni rasch ein. »Ich will es dir

erklären. Das ist Debbie Sitwell, das heißt auf deutsch ›Debora Sitzgut‹. Drollig, nicht? Debora ist ein biblischer Name, hat unsere Pflegemutter Tante Lilo gesagt. Er kommt aus dem Hebräischen und heißt auf deutsch soviel wie ›Biene‹. Unsere Debbie ist also ein Bienchen! Ist das nicht hübsch? Wir mögen sie alle so gern, denn sie ist richtig nett und immer so munter und voller Einfälle. Da kannst du wohl glücklich sein, wenn Debbie dein ›Zwilling‹ wird. Debbies Vater ist ein dunkelhäutiger Amerikaner, ihre Mutter ist eine Deutsche. Es gibt viele dunkle Amerikaner. Sie kamen mal aus Afrika, aber das ist lange, lange her; viele hundert Jahre. Die dunklen Amerikaner sind oft sehr gut im Sport und in der Musik. Die Amerikaner können froh sein, daß sie die haben.«

Und dann fangen Tom und Toni plötzlich an zu singen:

»Schwarze, Weiße, Rote, Gelbe,
Gott hat sie alle lieb . . .«

Tatjanas traurige Miene hat sich aufgehellt. Diese Osterwald-Zwillinge gefallen ihr. Und auch zu der fremdartigen Debbie Sitwell faßt sie allmählich Zutrauen. Sie lacht so gern, und dann blitzen ihre weißen Zähne auf in dem dunklen Gesicht. Es ist herrlich, Freunde zu finden!

Nach der Schule fragen die Zwillinge: »Besuchst du uns mal, Trabbi? Die Straße heißt Alt-Gonzenheim. Debbie weiß, wo es ist.«

»Habt ihr einen Garten?« möchte Tatjana wissen.

Die Zwillinge nicken. »Ja, den haben wir. Er ist anders als unser Garten daheim auf dem Tannenhof. Man kann hier nichts ernten.«

»Macht nichts. Ein Garten ist ein Garten«, behauptet Tatjana. »Wir hatten auch einen – bei uns daheim. Hier haben wir keinen. Wir haben nur eine kleine Wohnung. Meine Eltern sagen, wir müßten froh sein, daß wir überhaupt eine Wohnung haben. Viele Übersiedler haben noch keine gefunden. Ja, ich komm bestimmt mal vorbei und besuch' euch.«

Frühlingssträuße

Tom denkt darüber nach, daß der Dichter mit dem Vornamen Ludwig, der das Gedicht von der Frühlingsluft geschrieben hat, wirklich recht hatte: die Welt wird nämlich schöner mit jedem Tag, man weiß nicht, was noch werden mag, das Blühen will nicht enden. Man weiß nicht, woher sie alle kommen, die

Frühlingsblumen, auf einmal sind sie alle da: die Schneeglöckchen, die Krokusse, die Veilchen, die Gänseblümchen, das gelbe Scharbockskraut und die weißen Buschwindröschen. Tom fängt an, ein niedliches Sträußchen zu pflücken.

Dann erinnert er sich daran, daß Tante Else gesagt hat, im Frühling würden die Burschen den Mädchen Blumen bringen.

»Ich werde das Blumensträußchen meiner Pflegeschwester Margit bringen«, denkt Tom. »Sie ist immer so niedlich. Ich bin froh, daß wir sie haben.«

Dann fängt er an, nach Margit zu suchen. Schließlich findet er sie im Garten. Sie sitzt oben auf der Gartenmauer, baumelt vergnügt mit den Beinchen und schaut sich den frühlingsgrünen Garten von oben an. – »Hier sind ein paar Blümchen für dich, Margit«, sagt Tom und überreicht ihr das Frühlingssträußchen.

Margit strahlt: »Das ist aber lieb von dir, Tom!«

Doch da beschleicht Tom ein unangenehmes Gefühl des Zweifels. War es richtig, der kleinen Pflegeschwester Blumen zu überreichen? Steht ihm seine Zwillingsschwester eigentlich nicht näher? Daraufhin beschließt Tom, noch ein zweites Frühlingssträußchen zu pflücken und es seiner Zwillingsschwester Toni zu bringen. An einem so schönen Frühlingstag mag man kein einziges ungutes Gefühl im Herzen haben! Auch Toni freut sich über die Blumen, und nun ist Toms Frühlingshimmel wieder ganz ungetrübt.

Die Mädchen laufen ins Haus und erbitten sich von Tante Else kleine Vasen für ihre Sträuße. – Doch diese Frühlingssträußchen sollen nicht die einzigen bleiben an diesem Frühlingsabend.

Zuerst fährt Vater Osterwalds silbergrauer BMW vor. Der Vater hat gleich zwei Riesensträuße mitgebracht: einen Strauß mit bunten Tulpen und gelben Osterglocken für Tante Else und einen Strauß mit rosa Rosen und weißen Fresien für Tante Lilo. Da hat Tante Else eine Menge zu tun: sie muß andauernd passende Vasen heraussuchen und die Blumen darin ordnen. Und kaum ist sie damit fertig, da kommt schon ein neuer Gast an mit einem mächtigen Strauß aus gelben Lilien, gelber Gerbera und blauen Schwertlilien. Diesmal ist es Vater Osterwalds Freund Falko Anderlohr, von Beruf Architekt und Baumeister. Das ist eine Überraschung, als die beiden Freunde sich da unvermutet treffen in Alt-Gonzenheim!

Tante Else holt die große schöne Blechdose hervor, in der sie immer besonders leckere Plätzchen und Kekse aufbewahrt, und dann verkündet sie, daß sie eine »Frühlingsbowle« brauen würde. Es soll aber eine alkoholfreie Bowle werden, denn die Herren sind ja mit ihren Autos gekommen, und die Kinder möchten doch auch ein Glas mittrinken. Dazu mixt Tante Else Ananasstückchen und Ananassaft mit Maracujasaft und Mineralwasser. Das schmeckt sehr erfrischend!

Doch als es gerade so richtig gemütlich ist, schaut Tante Else auf die Uhr und sagt: »Los, ihr Kinder, ab ins Bett!«

Vater Osterwald will noch einen Aufschub erwirken: »Morgen ist doch Sonntag, da brauchen die Zwillinge nicht in die Schule, sondern können ausschlafen.«

Tante Else bleibt fest: »Sie können nicht ausschlafen, denn sie gehen in den Kindergottesdienst.« – Seit Weihnachten nehmen die Zwillinge auch Margit mit zur Kirche. Darüber ist sie stolz und glücklich.

Tante Lilo betet noch mit den Kindern, als sie in ihren Betten liegen. Danach fragt sie die Zwillinge: »Sagt mal, habt ihr denn eure neue Klassenkameradin aus der DDR – diese Tatjana oder wie sie heißt – schon mal in den Kindergottesdienst eingeladen?«

Die Zwillinge schütteln die Köpfe. »Man weiß ja gar nicht, ob sie das will«, murmelt Toni.

»Nun, man kann doch fragen; einladen ist nie verkehrt«, sagt Tante Lilo aufmunternd. »Sie kann es sich dann immer noch überlegen.«

Als die Zwillinge allein sind, lächelt Tom zufrieden: »Alle mögen unsre Tante Lilo! Sie kommen und bringen ihr Blumen.«

»Wundert dich das?« fragt Toni.

»Nein«, erwidert Tom. »Es wundert mich nicht. Mich wundert es nur, daß der amerikanische Teddybär die schöne junge Lilofee in Deutschland gelassen hat und allein nach Amerika zurückgeflogen ist. Wenn er sie mitgenommen hätte, dann hätte er jetzt eine schöne, liebe Frau und eine süße kleine Tochter.«

»Tante Lilo hat uns doch die ganze Geschichte erzählt«, erinnert Toni. »Margit war damals noch gar nicht auf der Welt. Und Tante Lilos Mutter – die Oma von Margit – war sehr krank. Tante Lilo konnte sie nicht verlassen und mit ihrem Mann nach Amerika ziehen.«

»Na, da hätte er eben auch in Deutschland bleiben müssen! Wenn man verheiratet ist, bleibt man immer beisammen.«

»Er hatte hier keine Arbeit, und seine Eltern wollten, daß er nach Hause kommt.«

»Tante Lilo hat gesagt, er wäre ein guter Basketball-Spieler gewesen. Da hätte er ja Trainer werden können – wie sein Freund in Heidelberg. Also, wenn ich die schöne junge Lilofee heirate, dann laß ich sie nie allein!«

Toni seufzt. »Das dauert aber noch eine Weile, Tom!«

Ihr Bruder gibt das betrübt zu. Dann schlafen sie beide ein und haben wunderschöne Frühlingsträume.

Ein unvergeßlicher Frühlingsabend

Das Wetter am Sonntag war so schön, daß die Zwillinge mit Margit, Tante Lilo und Tante Else am Nachmittag draußen auf der Terrasse sitzen konnten. Ja, die Kinder bestanden darauf, daß auch das Abendbrot heute draußen eingenommen wurde. Sie hörten dem fröhlichen Gezwitscher der Vögel zu und sahen, wie sich der Himmel allmählich gelb, orangerot, rosa und türkisgrün verfärbte. Es duftete nach frischem Grün und jungem Laub.

»Dieser Abend erinnert mich an einen anderen Frühlingsabend, der mir unvergeßlich geblieben ist«, sagt Tante Else nachdenklich. »Es ist schon lange her – mehr als 45 Jahre –, und doch erinnere ich mich genau an jede Einzelheit. Ich habe euch ja schon erzählt, daß ich im Krieg als Rote-Kreuz-Schwester in einem Lazarett arbeitete.

Es war im Frühling 1945 – kurz vor Kriegsende. Da bekam ich für ein paar Tage Urlaub. Den hatte ich auch dringend nötig. Meine Eltern bestanden darauf, daß ich zu Tante Martha aufs Land fuhr, damit ich mich endlich einmal gründlich ausschlafen konnte. In den Städten mußten wir fast jede Nacht hinunter in den Luftschutzkeller. Bei Tante Martha auf dem Dorf gab es gar keinen Luftschutzkeller. Man hörte nachts nur die schweren Bomberverbände über die roten Ziegeldächer der Bauernhäuser hinwegdröhnen.

Ich freute mich nicht nur auf eine ungestörte Nachtruhe, sondern auch auf das Wiedersehen mit meiner Kusine Gerda. Sie war etwas jünger als ich und noch ganz heiter und unbeschwert, während das Leben mich schon hart angepackt hatte. Mein geliebter Mann, mit dem ich nur so kurze Zeit verheiratet gewesen war, hatte mich verlassen: er starb an den Folgen einer schweren Kriegsverletzung.

Eines Tages bat Tante Martha Gerda und mich, in die nahe Kreisstadt zu fahren und dort einige Besorgungen zu machen.

Das war für Gerda eine willkommene Abwechslung. Wir fuhren mit dem Zug – drei Stationen weit. Dann stiegen wir aus. Die Entfernung bis zur Kreisstadt betrug etwa 16 km. Natürlich konnten wir nicht alles einkaufen, was Tante Martha uns auf unsere Einkaufsliste geschrieben hatte. Die Läden waren ja fast leer. Immerhin, Tante Martha war mit einigen Geschäftsleuten gut bekannt, und wir kamen ja auch nicht mit leeren Händen. Frische Eier oder gar eine Wurst vom letzten Schlachtfest waren damals begehrte Tauschobjekte.

Nachdem wir alles, so gut es eben ging, erledigt hatten,

wollten wir die Heimreise antreten. Doch wir hatten den Bahnhof noch nicht erreicht, als die Sirenen losheulten. Meine Kusine Gerda geriet in Angst und Schrecken und klammerte sich an meinen Arm. Ich beruhigte sie, so gut ich konnte, und hielt Ausschau nach dem nächsten Luftschutzraum. Schließlich entdeckte ich auch einen Pfeil, dem wir folgten. Wir landeten in dem Gewölbe unter dem alten Rathaus der kleinen Stadt. Das Bellen der Flackgeschütze, an das ich gewöhnt war, blieb aus. Hier war man nicht auf die Luftverteidigung eingerichtet. Die kleine Stadt war noch nie von Bomben angegriffen worden.

Jetzt hörten wir auch die Einschläge der Bomben. Gerda und andere Frauen im Luftschutzkeller schrieen vor Angst. Endlich schien der Angriff vorüber, und nach einer Weile kam die Entwarnung. Wir stiegen hinauf ans Tageslicht und schauten uns um. Der Marktplatz mit seinen schönen alten Fachwerkhäusern war fast unbeschädigt geblieben. Der Angriff hatte dem Bahnhof gegolten. Das Bahnhofsgebäude war beschädigt, die Geleise zum Teil zerstört.

Wir erfuhren, daß der Zugverkehr fürs erste lahmgelegt war. Es verkehrte kein Zug mehr, mit dem wir in unser Dorf hätten zurückkehren können. Was nun? Ratlos standen wir da. Wir stießen auf einige andere Dorfbewohner, die – wie wir – Besorgungen gemacht hatten in der Stadt. Jetzt berieten wir, was zu tun sei und beschlossen dann, den Heimweg gemeinsam zu Fuß zurückzulegen. Unverzüglich marschierten wir los. Der Luftraum war noch nicht ganz klar: dann und wann kam ein Tiefflieger angerast, und wir mußten in einem Graben am Straßenrand oder hinter einer Hecke Deckung suchen.«

»Warum?« fragt Tom. »Wollten die Bomben werfen auf die Leute?«

»Nein, keine Bomben«, erklärt Tante Else. »Sie schossen mit Maschinengewehren auf alles, was sich bewegte. Sie griffen die Fußgänger an und die Schulkinder und die Bauern auf dem Feld.«

»Ja, durften sie das denn?« entsetzt sich Margit. »So

einfach die Menschen totschießen, die ja gar keine Soldaten waren?«

Tante Else lächelt wehmütig. »Es war Krieg, Margit, und da ist alles erlaubt. – Wir wanderten immer weiter weg von der Stadt, und die Frühlingssonne fing an zu sinken. Dann erreichten wir ein großes Waldgebiet. Hier gab es weit und breit kein Dorf, ja, nicht einmal ein Haus. Hier war Frieden, Stille, Harmonie und die ganz wunderbare Schönheit des Frühlings. Diese Gegensätze – ich habe es bis heute nicht vergessen: dort Haß und Krieg, Angst, Zerstörung und Tod; hier im Walde der Duft des Frühlings, das leise Rauschen der Wipfel im Abendwind, der beinahe lärmende Gesang unzähliger Vögel, der Abendhimmel, der hinter den Baumstämmen in den herrlichsten Farben aufleuchtete ... Das war wie ein heilender Balsam auf unser von Angst geschütteltes Gemüt ...«

»Und wann seid ihr nach Hause gekommen?« fragt Tom. Er muß immer alles genau wissen!

»Oh, da stand schon längst der Mond am Himmel«, lächelt Tante Else, »und Tante Martha wartete voller Sorge auf uns. Es hatte sich herumgesprochen, daß die Kreisstadt bombardiert worden war. Wir waren rechtschaffen müde von dem langen Marsch und von allem Erleben und waren heute besonders dankbar für eine ungestörte Nachtruhe.«

Margit ist auf Tante Elses Schoß geklettert, drückt ihr blondes Lockenköpfchen an ihre Brust und flüstert: »Ich mag es nicht gern, wenn man vom Krieg erzählt, Tante Else.«

»Und ich wünsche, hoffe und bete von ganzem Herzen, daß ihr Kinder niemals etwas so Schreckliches erleben müßt«, sagt Tante Else ernst. »Aber manchmal ist es gut und nützlich, sich daran zu erinnern, damit man dankbar bleibt. Es ist nicht selbstverständlich, daß wir nachts in Ruhe schlafen dürfen, ohne von Sirenengeheul aufgeschreckt zu werden, daß wir Strom, Licht, Gas und Wasser haben und in übervollen Supermärkten alles kaufen können, was das Herz begehrt.«

Eine ungewöhnliche Katze

Heute haben die Osterwald-Zwillinge Besuch bekommen: es sind ihre Klassenkameradinnen, die »heimlichen Zwillinge Debbie und Trabbi«.

Tatjana freut sich, daß sie mal wieder in einem Garten herumspringen darf, und sie bewundert den schwarzen Kater Blacky.

»Eigentlich schade, daß ihr keinen Hund habt«, meint Debbie. »Dann könnt ihr ihn nämlich zu einem ›Umwelt-Hund‹ erziehen.«

»Ob man Katzen auch erziehen kann?« überlegt Margit.

»Ich habe fünf junge Katzen in einem Zirkus gesehen«, erzählt Tante Lilo. »Die sprangen auf fünf Stühle, die in einem Kreis aufgestellt waren. Sie standen aufrecht auf den Stühlen und machten winke, winke! Es sah sehr niedlich aus. – Wißt ihr, Katzen haben sogar ihre eigene Sprache, sie können 15 verschiedene Laute bilden. Sie haben auch einen sehr guten Geruchssinn. Man kann aber nicht soviel von ihnen verlangen, weil sie so schläfrig sind: sie verschlafen 80 Prozent ihres Lebens. Versteht ihr, was das bedeutet? Von 100 Stunden – das sind ungefähr vier Tage – verschläft eine Katze 80 Stunden!«

»Katzen haben einen sehr guten Orientierungssinn«, setzt Tante Else das Gespräch fort. »Ich las einmal von einer Katze in Japan – sie hieß Miki-Chan –, die auf einer Reise der Familie, die sie 390 km weit von ihrem Heimatort entfernte, plötzlich verschwunden war. Nari, die sechsjährige Tochter des Hauses, vermißte sie sehr. Sie gab aber die Hoffnung nicht auf, daß Miki-Chan eines Tages zu ›ihrer‹ Familie zurückfinden würde. Ein Monat nach dem andern verstrich, schon waren eineinhalb Jahre vergangen, da stand eines Morgens nach 19 langen Monaten Miki-Chan in Naris Zimmer! War das eine

Freude! Endlich hatte die Katze nach Hause gefunden. Nari war überglücklich.«

Tante Lilo fällt auch noch eine Katzengeschichte ein, die sie in einer Zeitschrift gelesen hat. Sie handelte von der Katze Trixi, die in Hannover lebte. Trixi war wirklich eine ungewöhnliche Katze! Ihr Frauchen hatte ihr beigebracht, jeden Morgen die Zeitung aus dem Briefkasten zu holen. Zu Anfang hatte sie ein paar Fischreste in der Zeitung versteckt. Bald war das nicht mehr nötig; Trixi hatte sich daran gewöhnt, die Zeitung zu holen.

Die ungewöhnliche Katze Trixi konnte aber noch mehr! Sie saß gerne vor dem Fernseher und guckte sich die bunten Bilder an. Gefiel ihr das Fernsehprogramm nicht, dann drückte sie mit ihrer feuchten kleinen Nase auf die Fernbedienung – und schon hatte sie ein anderes Programm auf dem Bildschirm. Am liebsten sah sie Werbung und Musik.

»Wenn doch unser Blacky auch so etwas lernen könnte!« wünscht Toni.

Aber Margit schüttelt den Kopf. »Nicht nötig. Vielleicht ist Fernsehen gar nicht gesund für Katzen? Sie haben andre Augen als wir – hat Oma Tanner gesagt. Die Hauptsache, unser Blacky ist eine glückliche Katze!« – Darin sind sich alle einig. –

Debbie hat eine Idee: »Da wir also keinen Umwelt-Hund und keine Umwelt-Katze haben, – könnten wir da nicht selber ›Umwelt-Hund‹ spielen?« – Au ja, dazu sind alle gern bereit. Tante Lilo verspricht, daß sie die Kinder bei nächster Gelegenheit in den Wald fahren wird mit ihrem grünen Volkswagen »Fröschle«. Darauf freuen sich die Kinder. Sie wollen dann fleißig Abfälle aufsammeln, damit der Wald wieder schön und sauber wird. –

Beim Abschied fragt Toni: »Kommt ihr am Sonntag mit in den Kindergottesdienst? Unsere Helferin heißt Katrin. Sie ist nett.«

»Ja, das tu' ich!« ruft Debbie. »Ich wollte schon längst gerne kommen.«

»Na klar, wo du doch einen biblischen Namen hast und ›Bienchen‹ heißt!« meint Tom.

»Kindergottesdienst? Was ist das?« möchte Tatjana wissen.

»Du kennst keinen Kindergottesdienst?« wundert sich Toni. »Da singen wir schöne Lieder und beten und kriegen Geschichten erzählt«, erklärt ihr Toni, »Geschichten aus der Bibel von Jesus!« –

»Den kenn' ich nicht«, murmelt Tatjana. Tom und Toni blicken sich betroffen an. Tatjana weiß nichts von Jesus! –

Doch Debbie sagt munter: »Natürlich kommst du mit in den Kindergottesdienst, Jana! Die ›heimlichen Zwillinge Debbie und Trabbi‹ tun alles gemeinsam. Ist dir das klar?«

Tatjana nickt. Sie muß sich umstellen. Das sagen ihre Eltern auch immer. Hier gibt es manches, was sie noch nicht kennt. Man muß es lernen, damit man mitreden kann – und Freunde findet!

Der Frühlingsausflug

Tom und Toni sind heute ganz aus dem Häuschen, als sie aus der Schule kommen. »Wir machen einen Ausflug, einen Schulausflug, einen Frühlingsausflug!« jubilieren sie. »Unsere Lehrerin Frau Baierlein hat sich beim Wetterdienst erkundigt: es wird schön bleiben! Und sie hat sogar schon einen Bus bestellt. Sie hat gesagt, das soll eine Reise in die Vergangenheit werden, aber Nina Lennartz meint, das gibt es nicht. Man kann nicht rückwärts reisen in die Vergangenheit.«

»Frau Baierlein hat damit ausdrücken wollen, daß ihr an einen Ort fahrt, der schon sehr alt ist und wo die Vergangenheit ganz lebendig wird«, vermutet Tante Lilo. –

Toni nickt. »Ja, es ist eine kleine, sehr alte Stadt – hat Frau Baierlein gesagt. Sie hat Mauern und Türme und ein Schloß. Das werden wir uns anschauen. Sie heißt Bu-Bu-Bu . . .«

»Butzbach«, schlägt Tante Else vor.

Tom schüttelt den Kopf. »Nein, das war es nicht. Sie fängt überhaupt nicht mit ›Bu‹ an, die Stadt, sondern mit ›Bi‹: Bi-Bi-Bi . . .«

»Birstein?« fragt Tante Lilo. »Dort gibt es ein schönes Schloß.«

»Nein, nein, es war nichts mit »Bier«, erinnert sich Toni. »Ich glaube es war was mit ›Bü‹: Bü-Bü-Bü . . .«

»Dann muß es Büdingen sein!« behauptet Tante Else.

Jetzt strahlen die Zwillinge und rufen wie aus einem Munde: »Ja, das war's! Büdingen! – Kennst du sie, die kleine, uralte Stadt, Tante Else?« –

»Ja, ich war einmal dort«, erwidert Frau Else Witt. »Es ist aber schon lange her. Da wird die Vergangenheit wirklich lebendig, wenn man durch die alten Gassen wandelt mit den wunderschönen Fachwerkhäusern aus dem Mittelalter. Größere Teile der Stadtmauern sind noch gut erhalten, mit Türmen und Toren, alles aus rotem Sandstein. Wenn dann im Sommer die roten Kletterrosen blühen, die sich über die alte Mauer ranken, ja, das sieht wunderhübsch aus. – Es gibt da auch ein besonders prächtiges Tor –, das heißt das ›Jerusalemer Tor‹.«

»Warum denn das?« möchte Tom wissen. »Es steht ja gar nicht in Jerusalem, sondern in Büdingen.«

»Ein alter Graf zu Büdingen soll es zum Andenken an seine Reise ins Heilige Land haben errichten lassen«, erzählt Tante Else. »Es soll nach dem Modell des Schaf-Tores in Jerusalem erbaut worden sein. Dann gibt es da noch das Mühl-Tor, das im 14. und 15. Jahrhundert entstand. Es bildete einen Brückenkopf, denn hier überquerte eine alte Verkehrsstraße den Seemenbach. Darum ist es so stark befestigt mit Mauern und Türmen.«

»Ist die Stadt Büdingen so ähnlich wie die kleine alte Stadt Steinau im Märchental?« fragt Margit. In den Herbstferien sind die Osterwalds und die Kingstones auf ihrer Fahrt zu Onkel Tills Hochzeit auf dem Tannenhof durch Steinau gekommen. Das hat Margit nicht vergessen.

»Ja, so ähnlich«, bestätigt Tante Else. »Nur ist Büdingen größer und hat schönere Häuser, und es ist auch stärker befestigt gewesen. – Das Büdinger Schloß ist sehr alt, die ältesten Teile sind fast tausend Jahre alt. Früher war es eine richtige Wasserburg. Es ist aber nicht auf einmal erbaut worden, sondern in verschiedenen Bauabschnitten.«

Margit schaut Tante Else mit großen, blanken Augen an und flüstert: »Hat ein König drin gewohnt – in dem Schloß?«

Tante Else lächelt. »Nein, mein Kind, kein König. Früher waren es Grafen, die dort residierten, und heute wohnt dort der Fürst von Ysenburg-Büdingen«. – Damit gibt sich Margit zufrieden, denn ein Fürst ist fast so vornehm wie ein König, – findet sie!

Toni kraust die Stirn. »Ja, wenn der Fürst noch drinnen wohnt, können wir uns das Schloß ja gar nicht anschauen. Der würde sich schön ärgern, wenn eine ganze Klasse da herumtrampelt.«

»Nein, er ärgert sich nicht«, beruhigt sie Tante Else. »Im

Gegenteil. Er hat ja das Schloß als Museum zur Besichtigung freigegeben. Dadurch kann er Geld verdienen, denn die Besucher müssen ja Eintritt bezahlen. Es kostet sehr viel Geld, ein so schönes altes Bauwerk zu erhalten. O ja, in Büdingen gibt es viel zu sehen – das Rathaus und den Lutherischen Hof und die Stadtkirche und die über tausendjährige Remigius-Kirche, die heute als Friedhofskapelle dient.« –

Tom drückt seinen rechten Zeigefinger gegen die Nase und denkt nach. Er murmelt: »Ich fürchte, wir schaffen das nicht. Es ist zuviel. Das Schloß und die Kirchen und das Rathaus und die Türme und die Tore . . .«

»Frau Baierlein wird euch schon nicht überfordern«, sagt Tante Lilo aufmunternd. »Man muß ja nicht alles auf einmal besichtigen.« – Das tröstet die Zwillinge ungemein! Sie haben sich aber doch noch eine Menge zu erzählen vor dem Einschlafen.

Und dann bricht der Ausflugstag an mit strahlendem Frühlingswetter, und der Autobus steht schon vor der Schule und wartet auf die Kinder der 1. Klasse. – Die Mütter der Erstkläßler haben ihre Kinder gut ausgerüstet für den Frühlingsausflug: sie haben ihnen ihre Anoraks aufgezwungen (falls ein Gewitter aufkommt und es kühler werden sollte!) und haben sie reichlich mit Marschverpflegung versehen, denn das Reisen macht bekanntlich hungrig. Vergnügt tragen die Kinder ihre prall gefüllten Umhängetaschen oder lustigen Rucksäcke, und sie zeigen einander ihre Vorräte. Frank Ochsenkühn, der große, stämmige Metzgerssohn, hat herrliche Wurstbrote mitgebracht, von denen er gerne austeilt – besonders an den kleinen, schmächtigen Ben Kusche. Silke Zumsteg hat sich nur Bananen mitgebracht und erklärt den andern Kindern, daß Bananen der ideale Reiseproviant sind: in ihrer Schale bleiben sie schön sauber, sie spritzen nicht beim Schälen und Essen (wie etwa Tomaten oder Apfelsinen), sie sind nahrhaft und doch erfrischend. Na, die Silke muß das wissen – ist ihr Vater nicht schließlich Praktischer Arzt? –

Die rundliche, gemütliche Petra hat lauter Süßigkeiten mitgenommen: Kuchen, Kekse, Schokolade und Bonbons. Sie ist nämlich ein Naschkätzchen. Etwas Geld haben sich die Kinder auch erbettelt, denn wenn es sehr warm wird, möchten sie sich vielleicht eine Limo kaufen oder ein Eis.

Frau Baierlein überwacht das Einsteigen der Schüler. Dabei entstehen nämlich Streitigkeiten, weil die meisten Kinder unbedingt am Fenster sitzen wollen. – Daß Tom und Toni nebeneinander sitzen, ist ja selbstverständlich: Zwillinge gehören immer zusammen. Sie knobeln aus, wer den Fensterplatz bekommt. Onkel Till hat sie das Knobeln gelehrt. Diesmal ist Tom der Glückliche, der gewinnt.

Und nun rollen sie durch die wunderschöne Frühlingslandschaft. Die Wiesen sind saftig grün und mit bunten Blumen bestickt: goldgelber Löwenzahn, zartlila Wiesenschaumkraut, weiße Gänseblümchen, gelber Hahnenfuß. Da sind ja schon Kühe auf der Weide, und Tom ist entzückt, als er sogar ein paar Pferde entdeckt, die sich munter im Freien tummeln.

»Dieser Dichter, der mit Vornamen Ludwig heißt, hat doch recht gehabt«, sinniert Tom. »Die Welt wird schöner mit jedem Tag, und es blüht auch das fernste Tal.«

Toni nickt. »Ja, und der andere Dichter, der Möhrchen oder Möhrken oder Möhrke heißt, der hat auch recht gehabt mit seinem Harkenton: überall in den Gärten sind die Leute fleißig an der Arbeit mit ihren Harken.« –

»Es hieß aber ›Harfenton‹ in dem Gedicht«, erinnert sich Tom. –

»Das war ein Druckfehler!« behauptet Toni hitzig.

»Nein, der Mörike hat es so gedichtet«, widerspricht Tom. »Er hat vielleicht mal einen Harfenton gehört und ein blaues Band gesehen, das durch die Luft geflattert ist. Dichter sehen und hören eben manches, von dem wir nichts merken.«

Das will Toni nicht einsehen, sie verteidigt ihren »Harkenton«, und so wäre fast ein lautstarker Streit ausgebrochen, aber dann werden die Zwillinge abgelenkt, denn jetzt fährt der Bus an einer Schafherde vorbei, und da haben die Zwillinge keine Zeit mehr, um sich zu zanken: die Schafe sind viel

interessanter als die »Frühlingstöne«! Da sind behäbige Mutterschafe zu sehen und niedliche weiße Lämmchen, auch ein Schäfer mit seinem breitkrempigen Hut und mit seinem treuen vierbeinigen Gefährten. »Wie unser Harro auf dem Tannenhof«, seufzt Tom.

Und nun nähert sich der Bus dem mittelalterlichen Luftkurort Büdingen am Rande des Vogelsberges. Der Fahrer findet einen Parkplatz in der Nähe des Bahnhofs. Die Kinder klettern heraus und marschieren mit ihrer Lehrerin die Marktstraße hinunter. Frau Baierlein macht sie aufmerksam auf das Rathaus aus dem 15. Jahrhundert mit seinem hohen Treppengiebel. »Im Erdgeschoß war eine Markthalle«, erläutert die Lehrerin. »Eine Treppe hoch befand sich der Festsaal der Stadt und im Dachstock die Stuben des Stadtgerichts.«

Dann taucht das »Jerusalemer Tor« mit seinen schönen Verzierungen vor den Ausflüglern auf. Sie schreiten aber nicht durch dieses Tor hindurch, sondern wandern an der Stadtmauer entlang auf einer Straße die »Lohsteg« heißt. Schließlich kommen sie zum »Mühltor« mit seinen mächtigen Mauern und

Türmen und zu einem schönen alten Bürgerhaus, welches das »steinerne Haus« genannt wird. Von hier aus ist es nicht mehr weit bis zum Büdinger Schloß. Durch einen Torbogen gelangen die Kinder in einen sehr großen Hof. Frau Baierlein

entdeckt den Schalter, wo man die Eintrittskarten kaufen kann. Sie erklärt, daß ihre Schulklasse angemeldet ist. Die Dame am Schalter weiß Bescheid, und da kommt auch schon der Fremdenführer.

Es ist ein sympathischer, noch junger Herr mit leuchtenden grauen Augen. Er begrüßt die Kinder fröhlich und zeigt auf die niedrigen Gebäude, die den Hof umschließen. »Dort waren früher die Pferde untergebracht«, erzählt er; »auch die Soldaten, die für die Pferde sorgen mußten.«

»Wozu brauchten die Soldaten?« möchte Toni wissen.

»Nun, in erster Linie zur Verteidigung der Stadt«, erwidert der Fremdenführer. »Die besten Befestigungsanlagen nützten nichts, wenn keine Wächter und keine Soldaten da waren, um aufzupassen, das Eigentum der Bürger zu schützen und die Feinde im Notfall davonzujagen.« –

Ein zweiter, engerer Torbogen führt zu dem eigentlichen Burghof, der von allen Seiten von den verschiedenen Teilen des Schlosses umgeben ist. »Hier in der Mitte seht ihr den großen Turm, den man auch ›Bergfried‹ nennt«, sagt der Führer. »Er gehört eigentlich zu jeder alten Burganlage und war besonders fest gebaut. Als Wachtturm leistete er gute Dienste, und wenn ernstliche Gefahr drohte, war er für die Burgbewohner oft die letzte Zufluchtsstätte. Meist hatte er unten keine Treppen, sondern man stieg mit Hilfe einer Leiter hinauf und zog die Leiter dann ein. So wurde es den Feinden schwer gemacht, in diesen Turm einzudringen.«

»Ja, aber dann hatten sie vielleicht nichts mehr zu essen und mußten alle verhungern«, befürchtet Petra.

»Oder verdursten«, fügte Felix hinzu. – »Oder die Feinde haben Holz um den Turm aufgeschichtet und versuchten, sie auszuräuchern«, flüstert Nina Lennartz und bibbert ordentlich vor Entsetzen, als sie sich das ausmalt.

»Sie haben gehofft, Freunde, Nachbarn oder Verbündete würden ihnen zu Hilfe eilen und sie befreien«, meint der Fremdenführer. »Und da der Bergfried und das ganze Schloß und die Stadt Büdingen noch heute vor uns stehen, sind sie ja wohl nicht umgekommen, sondern haben manchen Schrekken heil überstanden. – Und nun wollen wir uns das Schloß von innen ansehen. Die Räume sind ganz ungleichmäßig, nicht viereckig und nicht rechteckig. Das kommt daher, weil sie alle um den Burghof herum gebaut worden sind, – etwa so wie die einzelnen Stücke einer Torte! –

Kommt, hier haben wir den ältesten Teil des Schlosses. Die Räume sind ziemlich niedrig. Früher war das ein großer Saal, aber später hat man da noch Wände eingezogen und mehrere Gemächer daraus gemacht.«

Nein, was es hier alles anzuschauen gibt! Sonst heißt es immer: »Nicht anfassen, Kinder! Laßt die Finger davon! Berühren verboten!« Dieser Fremdenführer ist ganz anders, richtig nett und lustig. Er setzt Tom einen Helm auf den Kopf und gibt Felix ein Schwert in die Hand, und der Frank darf einen langen Speer aufheben. Da müssen alle lachen, und Frau Baierlein zückt schnell ihren Fotoapparat und macht ein paar Aufnahmen, denn dieser Anblick lohnt sich! –

Die Mädchen bestaunen die alten Möbel und die Truhen mit ihren komplizierten Schlössern. – »Die Menschen müssen früher kleiner gewesen sein als wir heute«, meint der Führer. »Ihr seht es an den Ritterrüstungen und auch an diesem Bett, das uns ziemlich kurz vorkommt. Und wißt ihr auch, warum die Betten früher einen ›Himmel‹ hatten? Mit den Waschmitteln und der Schädlingsbekämpfung war es damals nicht so weit her. Da gab es so allerhand unangenehme Tierchen in den Schlafzimmern. Die ließen sich nachts von der Decke fallen und wollten den Schläfern das Blut aussaugen. Man nennt sie Wanzen. Das waren aber keine solche Abhörgeräte, wie sie der Geheimdienst eingebaut hat, sondern lästige kleine Tierchen. Wenn das Bett nun einen Himmel hatte, purzelten die Wanzen zuerst auf den Himmel und konnten den Schläfer nicht direkt überfallen.«

Die Kinder sind sehr froh, daß sie keinen »Betthimmel« mehr brauchen, weil ihre Zimmer »ungezieferfrei« sind! – Es geht eine Treppe hinauf und dann wieder ein paar Stufen hinunter.

»Wir kommen jetzt zur Schloßkapelle!« ruft der Fremdenführer und öffnet die Kapellentür. »Sie wurde im 15. Jahrhundert erbaut. Ihr dürft euch mal hinsetzen, damit ihr sie in Ruhe betrachten könnt. – Man nennt diesen Baustil ›gotisch‹. Seht ihr das herrliche Netzgewölbe an der Decke? Und dann müßt ihr auf das wundervoll geschnitzte Chorgestühl achten. Zwei Meister aus Worms – Peter Schanz und Michel Silche – haben zwei Jahre lang daran geschnitzt. So etwas könnte sich heute niemand mehr leisten, es käme ja viel zu teuer. – Die Kanzel ist – wie ihr seht – aus Stein und auch sehr schön verziert. Sie entstand erst 100 Jahre später.«

Es geht wieder treppab und treppauf durch das Büdinger Schloß, und nun betreten die Besucher den Speisesaal. Er hat einen gaaanz langen Eßtisch! – »Der Speisesaal wird noch täglich benutzt«, erläutert der Führer. »Hier speist der Fürst.«

Toni bleibt staunend stehen. »Da hat er wohl eine sehr große Familie – der Fürst? Weil er einen so großen Tisch braucht.« – »Manchmal sind Gäste da. Sonst speist er hier allein mit seiner Gemahlin«, erwidert der Schloßführer. »Er ist schon ein älterer Herr, unser Fürst. Seine Kinder sind längst erwachsen und wohnen nicht mehr hier auf dem Schloß.«

Das kann Toni nicht verstehen. Sie denkt: »Wenn ich ein Schloß hätte oder mein Vater, dann würde ich immer auf dem Schloß wohnen.«

Auch Nina Lennartz beguckt sich nachdenklich die lange Speisetafel. »Da haben sie es aber schwer, sich zu unterhalten beim Essen«, murmelt sie, »wenn sie so weit voneinander sitzen!«

»Sie haben vielleicht ein Mikrofon oder eine Sprechanlage«, tuschelt ihr Felix zu.

Der letzte Raum, den die Schulklasse besichtigt, ist das Jagdzimmer. Es ist auch sehr groß, ein richtiger Saal; und interessant! Vor dem Kamin liegt ein Bärenfell. An den Wänden hängen Geweihe – lauter Jagdtrophäen. – »Ich finde das gar nicht schön, die armen Tiere zu jagen und zu töten«, murrt Silke Zumsteg. »Die wollen doch auch leben!«

»Ja, aber wenn die Tiere des Waldes sich immer weiter ungehindert vermehren, müssen sie zuletzt verhungern, weil sie keinen Lebensraum mehr haben«, gibt der Fremdenführer zu bedenken. Jetzt nimmt er ein Jagdhorn von der Wand und fragt, wer einmal darauf blasen möchte. Felix versucht es, doch es gelingt ihm nicht. Frank kann dem Instrument schließlich ein paar sonderbare Töne entlocken. Da müssen alle lachen!

Die Besichtigung ist zu Ende. Frau Baierlein verläßt mit ihrer Schulklasse das Schloßgelände. – Auf einem Spielplatz dürfen die Kinder noch umhertollen, und in einer Eisdiele holen sie sich was zum Schlecken. Dann wandern alle zum Bus zurück, und die Heimfahrt wird angetreten. –

Den ganzen Abend lang schwärmen die Zwillinge von dem tollen Frühlingsausflug: von der Fahrt durch die Frühlingslandschaft, von der Schafherde, vom Jerusalemer Tor in Büdingen, von dem Schloß mit seinem Bergfried und der Schloßkapelle, den alten Waffen und dem Jagdhorn. Sie können überhaupt kein Ende finden!

Zuletzt wird Margit ganz neidisch, und sie bettelt: »Mami, Mami, ich will auch mal ein Schloß besehen! Bitte, bitte, Mami!«

Frau Kingstone-Rosenbrink überlegt sich die Sache und sagt dann: »Na schön, wir könnten ja in den Osterferien mal einen Ausflug nach Gelnhausen machen und dort die Kaiserpfalz besichtigen. Das habe ich mir schon lange gewünscht. Sie haben dort jetzt sogar ein kleines Museum eingerichtet.«

Die Kinder erinnern sich daran, daß Vater Osterwald ihnen in den Herbstferien auf ihrer Reise zu Onkel Tills Hochzeit erklärt hat, was eine Pfalz ist: das war eine Hofburg, auf welcher der Kaiser Gericht hielt. Und Gelnhausen, – das war die Lieblingsstadt vom Kaiser Barbarossa.

Nun ist auch Margit zufrieden. Ein Kaiser ist viel mehr als ein Fürst! Margit ist schon mächtig gespannt auf die Reste von seinem Schloß.

Ein kostbares Geschenk

Es ist Sonntag, und Margit und die Zwillinge gehen in den Kindergottesdienst. Dort treffen sie die »heimlichen Zwillinge Debbie und Trabbi«. Die Kindergottesdiensthelferin Katrin Diel freut sich über die beiden »Neuen«.

Sie erzählt den Kindern heute eine schöne Geschichte: »In der Nähe der Stadt Jerusalem liegt das kleine Dorf Bethanien. Dort wohnten drei Geschwister in einem Häuschen. Der Bruder hieß Lazarus; die beiden Schwestern hießen Martha und Maria. Jesus war befreundet mit den drei Geschwistern. Wenn er nach Jerusalem zog, kehrte er gerne bei ihnen ein. Dann freuten sie sich. Martha war eine tüchtige Hausfrau. Sie holte das Beste aus dem Keller und aus der Speisekammer und bereitete ein gutes Mahl für den lieben Gast. Maria dachte: ›Jesus ist so selten bei uns, ich muß unbedingt hören, was er uns zu sagen hat von seinem Vater im Himmel und von Gottes Reich.‹ Sie holte sich einen Fußschemel, setzte sich zu Jesu Füßen und hörte ihm ganz genau zu.

Eines Tages wurde der Bruder Lazarus schwer krank. Da schickten die Schwestern einen Boten zu Jesus. Hatte Jesus nicht schon vielen Kranken geholfen? Konnte er da nicht auch seinen Freund Lazarus wieder gesund machen? – Es dauerte aber eine ganze Weile, ehe Jesus mit seinen Jüngern nach Bethanien kam. Da war Lazarus schon tot und seit vier Tagen begraben.

Jesus ließ sich die Grabhöhle zeigen, in die sie den Toten gelegt hatten. ›Lazarus, komm heraus!‹ rief Jesus mit lauter Stimme. Da kam Lazarus aus der Höhle heraus und war wieder lebendig. Alle, die zugeschaut hatten, staunten sehr, und Martha und Maria waren glücklich.

Die Schwestern bereiteten ein Fest vor. Jesus und seine Jünger wurden dazu eingeladen. Martha bediente die Gäste, wie sie es immer tat. Maria war still hinausgegangen. Sie war

Jesus so dankbar, daß er ihr den Bruder wiedergeschenkt hatte. Und gleichzeitig war sie traurig, weil Jesus gesagt hatte: ›Bald werde ich sterben.‹

›Wie kann ich ihm nur zeigen, wie lieb ich ihn habe?‹ dachte sie. ›Ich will ihm etwas schenken; das Kostbarste, was ich habe!‹ – Sie ging zu ihrem Schrank und holte ein Fläschchen heraus. Es war ihr kostbarster Besitz, denn es enthielt echtes Blütenöl. Dies Fläschchen war fast soviel wert wie der Jahreslohn eines Arbeiters. Mit dem Fläschchen in der Hand kehrte sie zu den Festgästen zurück. Sie ging zu Jesus, kniete vor ihm nieder, salbte seine Füße mit dem kostbaren Blütenöl und trocknete sie mit ihrem Haar. Der wunderbare Duft von dem Öl erfüllte das ganze Haus.

Da ärgerten sich die Jünger Jesu und murrten: ›Was für eine Verschwendung! Dieses Salböl hätte man verkaufen können. Dann könnte man das Geld den Armen geben.‹

Aber Jesus nahm Maria in Schutz. Er sagte: ›Laßt sie in Frieden. Sie hat es ja aus Liebe getan. Maria weiß, daß ich bald sterben werde. Da hat sie mich schon im voraus gesalbt zu meinem Begräbnis. Arme werden immer unter euch sein. Wenn ihr wollt, könnt ihr ihnen zu jeder Zeit Gutes tun. Ich werde nicht mehr lange bei euch sein. Wo immer man die Frohe Botschaft verkünden wird auf der ganzen Welt, da wird man auch erzählen, was diese Frau an mir getan hat.‹

Da schämten sich die Jünger und schwiegen still. Es wurde ihnen schwer ums Herz. Sie konnten und wollten nicht glauben, daß Jesus sie bald verlassen würde. Sollte er wirklich den Tod erleiden müssen? Das durfte nicht geschehen!

Seht, Kinder, Maria schenkte Jesus das Kostbarste, was sie besaß; weil sie ihn lieb hatte. Es gibt auch heute noch Menschen, die haben Jesus lieb und möchten es zeigen. Wir haben jetzt die Passionszeit oder Fastenzeit. Da verzichten manche Menschen auf etwas – aus Liebe zu Jesus. Sie rauchen vielleicht nicht so viele Zigaretten wie sonst oder fahren nicht so viel Auto, sondern laufen lieber mal zu Fuß. Überlegt mal, auf was ihr verzichten könntet! Vielleicht aufs

Naschen? Oder aufs Faulenzen? Oder aufs Zanken? Oder aufs Rechthabenwollen?«

»Ich weiß schon, auf was ich verzichte«, sagt die lustige Debbie beim Hinausgehen aus der Kirche. »Ich werde Wasser sparen und mich weniger waschen!« Dabei zwinkert sie vergnügt mit ihren schwarzen Augen.

»Ja, das kannst du tun – bei dir fällt es nicht so auf!« seufzt Toni neiderfüllt, und dann lachen sie alle fünf, denn Debbie hat natürlich nur Spaß gemacht.

»Seht nur, es fängt an zu regnen – da kann man nicht raus – das wird ein langweiliger Sonntag!« klagt Tatjana.

»Komm doch zu uns!« schlägt ihr Toni vor. »Dann können wir zusammen spielen.« – »Au ja! Das tu ich gern! Vielen Dank!« ruft Tatjana erfreut. Dann trennen sich die Kinder.

Margit ist sehr nachdenklich. Plötzlich sagt sie: »Ich werde heute auf die Nachspeise verzichten.«

Der vernünftige Tom schüttelt den Kopf. »Das nützt nichts. Tante Else hat sie gestern schon gekocht und in den Keller gestellt. Wenn wir sie nicht essen, wird sie schlecht. Man darf nichts verderben lassen.«

Margit läßt betrübt den Kopf hängen und denkt weiter nach, bis sie eine neue Idee kriegt: »Wir könnten es Tante Else vorher sagen, daß wir keinen Nachtisch essen wollen. Dann sparen wir das Geld und stecken es in unsere ›besondere Sparbüchse‹, wo wir Geld sammeln für die Waisenkinder in Anjar im Libanon.«

Tom bleibt skeptisch: »Dabei kommt nicht viel zusammen. Als wir auf Onkel Tills Hochzeit um Spenden gebeten haben bei den Hochzeitsgästen – ja, das hat sich gelohnt!«

Toni runzelt die Stirn. »Ja, aber Margit kann doch nicht so lange warten, bis mal wieder jemand heiratet! Sie möchte Jesus jetzt etwas schenken – wie Maria!« Tröstend fügt sie dann hinzu: »Wart nur ab, Margit! Es wird uns schon noch etwas einfallen.«

Am Nachmittag kommt Tatjana Trabert nach Alt-Gonzenheim. Draußen regnet es, doch drinnen ist es gemütlich. Tante

Else hat Kakao gekocht für die Kinder, und Rosinenkuchen ist auch noch genug da. Dann schleppt Tante Else Spiele herbei, die noch aus ihrer eigenen Kinderzeit stammen: ein Domino-Spiel (schwarz mit weißen Punkten, wo man immer die gleiche Augenzahl angelegen muß), ein »Schwarzer Peter«, ein »Struwwelpeter-Quartett« und eine Art Bilder-Lotto.

Dieses interessante Spiel heißt »Was fehlt denn hier?« Es werden Bildtafeln verteilt an die Spieler. Auf dem einen Bild ist zum Beispiel eine Bahnhofshalle zu sehen. Da fehlen die Zeiger der Bahnhofsuhr, einer der Reisenden hat keinen Kopf, und die einlaufende Lokomotive hat ein Rad zu wenig! Verdeckte Bildkärtchen werden in die Mitte des Tisches gelegt. Davon darf sich reihum jeder eines nehmen. Aus diesen Kärtchen wird nun das »richtige« Bild zusammengesetzt, bei dem nichts mehr fehlt. Wer sein richtiges Bild zuerst fertig hat, ist Sieger.

Später zeigt Margit Tatjana ein Buch, das Tante Else ihr zu Weihnachten geschenkt hat. Es ist eine Neukirchener Kinder-Bilder-Bibel. – »Da steht auch die Geschichte von Maria aus Bethanien drin, die wir heute im Kindergottesdienst gehört haben. Ich kann ja noch nicht lesen, aber Tante Else oder Mami lesen mir daraus vor.«

»Bald können wir das auch!« verkündet Toni stolz. – »Wir können es jetzt schon«, ergänzt Tom. »Es geht nur noch ein bißchen langsam.«

Tatjana nimmt die Kinderbibel in die Hand. Oh! da sind viele Geschichten drin; und schöne bunte Bilder. Tatjana möchte sie alle anschauen und die Geschichten dazu lesen.

Margit sieht den verlangenden Blick in Tatjanas Augen: »Habt ihr keine Bibel zu Hause?« fragt sie. »Dann könnte dir deine Mutti daraus vorlesen. Es sind ja dieselben Geschichten, auch wenn es keine Kinderbibel ist.«

Tatjana schüttelt leise den Kopf. »Wir haben kein solches Buch. Wir sind auch nie in der Kirche gewesen. Ich weiß gar nichts von Jesus.«

Jana weiß nichts von Jesus. Sie ist wie ein Heidenkind. Eine heiße Welle flutet über Margits Herz. Dann muß sie an Maria aus Bethanien denken. Maria nahm das Kostbarste, was sie hatte, und schenkte es Jesus. Aus Liebe. Da nimmt Margit ihre schöne Kinderbibel mit den bunten Bildern und legt sie feierlich in Tatjanas Hände: »Da! Du kannst sie mitnehmen! Ich schenke sie dir.«

Tatjana ist ganz rot geworden . . . »D-das k-kann ich d-doch n-nicht annehmen«, stottert sie. »Es ist doch dein Buch, Margit! Solch ein schönes Buch!«

Tom hat das Leuchten in Margits veilchenblauen Augen gesehen und sagt: »Doch, Jana, du mußt es annehmen. Sonst wäre Margit traurig. Sie gibt es dir gern. Eigentlich hat sie es dem Herrn Jesus geschenkt.«

»Wie Maria in Bethanien«, bekräftigt Toni. Da kann Tatjana das Geschenk nicht zurückweisen.

»Wir haben noch viele Bibeln«, versichert Margit. »Und wenn ich erst lesen kann, wünsch ich mir eine neue Kinderbibel.«

An diesem Abend gibt es zwei besonders glückliche kleine Mädchen in Bad Homburg: die eine davon ist Margit Kingstone. Ihr Herz jubelt, weil sie dem Herrn Jesus etwas schenken durfte – wie Maria! Das andere Mädchen heißt Tatjana Trabert. Sie liest abends im Bett noch lange in ihrer neuen Kinderbibel. Tom und Toni haben ihr gezeigt, wo die Jesus-Geschichten anfangen: auf Seite 169. Dieser zweite Teil der Bibel heißt: Das Neue Testament. Tatjana liest und liest, bis ihr der Kopf schwirrt und sie schließlich vor Müdigkeit einschläft. Und sie träumt, sie wäre draußen im Walde, wo sie »Umwelthund« gespielt haben, und plötzlich steht ein Bote Gottes vor ihr in einem leuchtenden Gewand, und er sagt: »Hab keine Angst, Tatjana! Jesus, dein Retter, ist da!«

Die gefährdeten Osterhasen

Die Erstkläßler von Frau Baierlein dürfen heute malen. – »Malt ein Osterbild!« hat die Lehrerin gesagt. Alle sind mit Eifer bei der Sache, sogar diejenigen, die eigentlich nicht so besonders gut zeichnen können. Ein Osterbild – oh, das geht leicht! Man braucht zum Beispiel nur eine grüne Weise zu zeichnen und im Grase versteckt ein paar schöne bunte Ostereier. Frau Baierlein zeigt den Kindern, wie man einen Osterhasen aufs Bild bringt: zuerst ein braunes Ei – das ist der Körper; darauf ein kleines braunes Ei – das ist der Kopf. Jetzt werden die Ohren gemalt: lang und schmal. Nun braucht das Häschen nur noch ein rundes Schwänzchen und ein Paar Pfoten, auf denen es sitzt.

»Wenn ihr Filzstifte habt, könnt ihr damit fein eure Ostereier bemalen«, schlägt Frau Baierlein vor. »Malt ein solches Häschen darauf, wie ich es euch gezeigt habe oder eine lachende Ostersonne oder eine leuchtend rote Tulpe. Außerdem könnt ihr den Namen der Person auf das Ei malen, die es zu Ostern bekommen soll.«

»Schade, daß wir nicht mehr bei der Großmutter auf dem Tannenhof wohnen«, seufzt Toni. »Dann würde ich einen ganzen Korb voll Eier mitbringen – schon fertig gekocht! – und die könnten wir dann zusammen hier in der Schule bemalen.«

»Aber später – da mach' ich eine Hühnerpension auf – hier ganz in der Nähe«, verkündet Tom. »Dann hab' ich jede Menge Eier und kann welche stiften.«

»Nur sind wir bis dahin schon längst aus der Schule«, stellt Toni bedauernd fest.

»Wißt ihr übrigens auch, daß die Osterhasen zu den gefährdeten Tieren gehören?« fragt Frau Baierlein. –

»Weil keiner mehr an sie glaubt?« fragt Nina Lennartz zögernd.

»Die Osterhasen gibt's ja gar nicht!« kichert Annemie. »Hasen gibt es nur im Märchen.«

Tom reißt die Augen und den Mund auf vor Staunen. »Was, es soll keine Hasen geben? Natürlich gibt es die. Es gibt die Stallhasen, die man auch Kaninchen nennt. Und es gibt die Feldhasen. Die sind so hellbraun in der Farbe und können sehr gut laufen – geschwind wie der Wind! Wir haben oft welche gesehen – auf den Feldern und im Wald, als wir noch auf dem Tannenhof waren.«

»Es gibt sie schon, die Hasen«, pflichtet ihm Silke Zumsteg bei. »Nur legen sie keine Eier.«

»Ja, die Osterhasen, die bunte Eier legen, hat man erfunden«, erklärt Frau Baierlein. »Das sind alles Symbole des Frühlings, – Zeichen des Lebens: die fruchtbaren Hasen – die Eier – die Küken. In Wirklichkeit legen Säugetiere keine Eier. Könnt ihr mir sagen, welche Tiere Eier legen?«

Gleich schwirren die Antworten durcheinander: »Die Vögel! Die Fische! Die Frösche! Die Fliegen! Die Ameisen! Die Schmetterlinge!«

»Ich freue mich, daß ihr schon soviel wißt«, sagt Frau Baierlein. »Doch nun zurück zu den Hasen. Wissenschaftler befürchten, daß die armen Häschen bald ausgestorben sein könnten. Was für eine Ursache könnte das wohl haben?«

»Diese Jäger – die schießen sie tot und essen sie auf!« ruft Silke Zumsteg hitzig. »Ich würde niemals Hasenbraten essen; auch keinen Rehbraten.«

»Dann darfst du auch nichts vom Schwein und vom Rind und vom Huhn und von der Gans essen«, meint Frank Ochsenkühn.

»Doch, das darf ich!« trumpft Silke auf. »Weil die nämlich noch nicht am Aussterben sind.«

»Manche werden auch vom Auto überfahren«, meldet sich Felix Karpenstein zu Wort.

»Wie die armen Igel«, fügt Petra traurig hinzu.

»Auch die Füchse holen sich manchmal ein Häschen«, weiß Nina Lennartz zu berichten.

Frau Baierlein nickt. »Ja, die armen Häschen haben's schwer. Wenn im Frühsommer die Wiesen gemäht werden, gerät manch ein Rehkitz und manch ein Häslein unter die Mähmaschine. In Stuttgart hat man sogar eine ›Hasenkonferenz‹ einberufen. Regierungspräsident Bulling forderte alle Behörden auf, darüber nachzudenken, wie man das Dahinsterben der Hasen aufhalten könnte. Naturschützer schlagen vor, wieder zu alten Anbaumethoden in der Landwirtschaft zurückzukehren und nach der Getreideernte noch eine Zwischenfrucht anzupflanzen, damit die Hasen mehr Nahrung finden. Aber ob das helfen wird? Wer weiß – vielleicht müssen wir in ein paar Jahren anstelle der Ostereier die wenigen überlebenden Hasen suchen!«

Als die Erde bebte

Jetzt herrscht richtiges Aprilwetter mit Windstößen, Regen – und Graupelschauern. Die Kinder können nicht hinaus in den Garten. »Tante Else, erzähl uns was!« betteln sie.

»Erzähl uns was von den Kindern in Anjar im Libanon!« bittet Toni.

»Ja, von dem Volk der Ar-Arme-Armenier«, fügt Tom hinzu.

»Ich habe euch schon erzählt, daß die Armenier ein unglückliches Volk sind«, erinnert Tante Else die Kinder. »Ein Teil dieses Volkes hat in der Türkei gelebt, und von dort wurden sie vertrieben, weil die Türken Moslems sind und die Armenier Christen. Die ursprüngliche Heimat des uralten armenischen Volkes ist die Gegend um den Berg Ararat.«

»Ararat?« Da horcht Tom auf. »War das nicht der Berg, auf dem die Arche Noah gelandet ist?« –

»Ja, so wird es uns im ersten Buch Mose erzählt«, bestätigt Tante Else. »Dieses Land gehört jetzt zur Sowjet-Union. Dort leben auch noch Armenier. Im Dezember 1988 wurde dieses Gebiet von einem schweren Erdbeben heimgesucht. Ganze Städte sanken in Trümmer. Viele Menschen kamen um; andere wurden schwer verletzt. Bald traf aber auch Hilfe ein aus aller Welt. Über 2000 ausländische Helfer kamen in das Katastrophengebiet. In den ersten Tagen und Wochen nach dem Erdbeben landeten in Eriwan täglich bis zu 160 Flugzeuge, die Hilfsgüter herbeibrachten. Eriwan ist die Haupstadt von Armenien, sie hat 2,5 Millionen Einwohner, das sind mehr als die Hälfte von Sowjet-Armenien.

Zuerst waren die vom Erdbeben betroffenen Armenier, die das Unglück überlebt hatten, wie gelähmt vor Schreck. Die Bewohner der zerstörten Dörfer leben jetzt noch verstreut in andern Teilen Armeniens oder in Georgien. Inzwischen hat man mit dem Wiederaufbau begonnen. In der Halle einer

Holzfabrik hat man angefangen, Fertighausteile herzustellen. Die ersten Fertighäuser sind schon aufgebaut worden. –

Im Herbst 1989 – also ein Jahr nach dem Erdbeben – reiste Herr Meergans vom Deutschen Hilfsbund nach Sowjet-Armenien, um die evangelischen Armenier dort zu besuchen und ihnen – wenn nötig – Hilfe zu bringen. Manche der evangelischen Armenier in Anjar im Libanon haben Verwandte in Sowjet-Armenien.

Als Herr Meergans in das Dorf Leninakan kam, gab es dort nur noch wenige Häuser. Einige evangelische Gemeindeglieder aus Eriwan hatten ihn dorthin mitgenommen. Sie standen vor einem der Häuser, die nicht zerstört worden waren. Er wurde gefragt: ›Kennen Sie die Geschichte dieses Hauses?‹

›Nein, wie sollte ich?‹ erwiderte er. ›Ich bin heute zum ersten Mal hier‹.

Da erzählte ihm eine Frau aus Leninakan, was geschehen war am 7. Dezember 1988: ›Wir evangelischen Frauen von Leninakan pflegten uns täglich um die Mittagszeit in diesem Haus zu versammeln zum Gebet. An jenem Tag Anfang Dezember waren wir nur zu zweit. Wir beteten wie immer. Da bebte plötzlich die Erde, wie wir es noch nie erlebt hatten. Alles schwankte um uns her. Zuerst wollten wir aus dem Haus stürzen. Dann entschieden wir uns aber doch beide zugleich, zu bleiben und weiterzubeten. Als wir unser Gebet beendet hatten und schließlich doch aus dem Haus traten, sahen wir, daß rings umher alle Häuser in Trümmern lagen. Dieses Haus hier war als einziges stehengeblieben.‹

Die Frau machte eine Pause nach dieser erstaunlichen Geschichte. Später erzählte sie weiter, daß sie und die andere Frau danach zur Schule gelaufen sind, um die Kinder abzuholen, denn es war Mittagszeit – 12 Uhr. Da mußten sie sehen, daß auch die Schule eingestürzt war, und die meisten Kinder waren von den einstürzenden Wänden begraben worden.«

»Wie schrecklich!« flüstert Margit mit zitternder Stimme. »Es muß furchtbar sein, wenn plötzlich alles wankt und wackelt und zusammenfällt.«

»Warum gibt es Erdbeben? Warum mußten die armen Kinder in der Schule umkommen? Warum hat Gott sie nicht beschützt – wo die Mütter doch gebetet haben?« fragt Tom, das »kleine Fragezeichen«.

»Solche Fragen kann man nicht beantworten«, erwidert Tante Else ernst. »Es gibt keine Antwort, denn Gottes Wille hat kein Warum. Die Leute aus dem Erdbebengebiet haben auch nicht so gefragt. Als die Christen aus Eriwan zu ihnen kamen, haben sie ihnen aufmerksam zugehört, sie haben ihre Sünden bekannt und um eine Bibel gebeten. ›Kommt doch wieder zu uns!‹ haben sie gerufen. ›Wir möchten gerne noch mehr von Jesus hören.‹ – Es regnete in Strömen, und doch waren bis zu 1000 Menschen zusammengekommen, die harrten drei Stunden lang im Regen aus und wollten von Jesus hören und eine Bibel haben. Da sagte eine Frau zu dem Gast aus Deutschland: ›Dies hier ist unser eigentliches Erdbeben!‹

Jesus hat es uns vorausgesagt, daß es immer dann und wann Erdbeben geben wird und Orkane und Taifune und Überschwemmungen und Wolkenbrüche und andere Naturkatastrophen. Dadurch sollen die Menschen aufgerüttelt werden – wie die Leute in Sowjet-Armenien. Jesus hat aber seine Jünger – und uns! – getröstet: ›Habt keine Angst! Dies alles muß geschehen, bevor ich wiederkomme. Richtet eure Blicke empor und denkt daran, daß es in Gottes schöner neuer Welt keine Katastrophen mehr gibt – kein Leid, keinen Schmerz, keine Tränen und keinen Tod.‹«

»Und keine Erdbeben und keine Überschwemmungen und keine Autounfälle und kein Zugunglück und keine Flugzeugabstürze«, fügt Toni befriedigt hinzu.

Toni und der schöne Kaiser

Der Regen hat aufgehört, und die Ferien haben begonnen. Da sagt Tante Lilo beim Frühstück: »Heute scheint mir der richtige Tag für unsern Ausflug nach Gelnhausen zu sein. Am Nachmittag fahren wir los und schauen uns Kaiser Barbarossas Pfalz an. Was eine Kaiserpfalz ist, das wißt ihr ja. Vater Osterwald hat es euch im Herbst erklärt: es ist eine Hofburg, auf welcher der Kaiser Gericht hielt. Es gab viele Pfalzen, verteilt auf das ganze Reich. Eine richtige Hauptstadt hatten die Kaiser damals nicht. Aber sie hatten meistens eine ›Lieblingsstadt‹. Und die ›Lieblingsstadt‹ von Kaiser Barbarossa war Gelnhausen.«

»Warum hat dieser Kaiser einen so komischen Namen?« piepst Margit. »War er kein Deutscher?«

»Freilich war er ein Deutscher, ein echter Deutscher«, erwidert Tante Lilo. »Sein Taufname war Friedrich, und er entstammte dem berühmten Geschlecht der Staufer. Den Zunamen ›Barbarossa‹ haben ihm die Italiener verliehen. Es ist Italienisch und heißt auf Deutsch: Rotbart.«

»War er ein mächtiger Kaiser?« möchte Tom wissen.

»Das will ich meinen!« lacht Tante Lilo. »Er herrschte über ein riesiges Reich. Nicht nur Deutschland gehörte dazu, sondern auch Italien und Burgund, das heute ein Teil Frankreichs ist.« –

»Ach so, darum hatte er was mit den Italienern zu tun«, murmelt Toni.

»Und ob er etwas mit denen zu tun hatte!« bestätigt Tante Lilo. »Sie haben sich mehrmals gegen ihn empört, und dann mußte er jedesmal über die Alpen ziehen und in Italien wieder für Ordnung sorgen.«

»Der arme Kaiser Rotbart!« seufzt Toni. »Der war wohl ständig am Umherziehen? Ja, wenn er heute gelebt hätte, dann wäre er nur mal schnell in sein Flugzeug gestiegen und über die Alpen geflogen und schwupp! schon wäre er in Italien. Aber damals! Da hatten sie nichts als Pferde.«

»Und Schiffe«, fügt Tom hinzu. »Papi hat gesagt, daß Barbarossa mit einem Schiff die Kinzig hinaufgefahren ist bis zu seiner Lieblingsstadt Gelnhausen.«

Tante Lilo nickt. »Das ist richtig. Seine Pfalz lag übrigens auf einer Insel in der Kinzig. Sie war sozusagen ein ›Wasserschloß‹.«

»Nur nach Italien – dorthin konnte er nicht mit dem Schiff fahren«, erklärt Toni. »Er mußte mit dem Pferd – oder mit einem Maultier – über die Alpen steigen.«

»Ist es sehr lange her?« erkundigt sich Margit. »Hundert Jahre? Oder zweihundert?«

Tante Lilo lächelt. »Viel länger, mein Schatz! Achthundert Jahre. Man weiß nicht mehr so genau, wann Kaiser Friedrich Barbarossa geboren wurde, wahrscheinlich um 1122. Doch man weiß bestimmt, wie lange er als Kaiser regiert hat: von 1152 bis 1190. Die Reichsstadt Gelnhausen hat er gegründet im Jahre 1170. Er weilte oft in seiner Lieblingsstadt. Hier hielt er zwei Reichstage ab, 1180 und 1186. Er erholte sich dort auch gerne und ging auf die Jagd in den großen, wildreichen Wäldern zwischen Gelnhausen und Büdingen.«

»Ach, Büdingen!« ruft Tom begeistert. »Der älteste Teil des Schlosses muß damals schon gestanden haben . . .«

»Man erzählt sich, daß ein Forstmeister mit zwölf Förstern die kaiserlichen Wälder verwaltete«, fährt Tante Lilo fort. »Und wenn der Kaiser ausritt zur Jagd, folgte ihm der Forstmeister auf einem weißen Roß, und die zwölf Reichsförster ritten hinterher. – Einmal hat Kaiser Friedrich Barbarossa ein großartiges Fest veranstaltet in Mainz. Das muß im Jahre 1184 gewesen sein. Dazu hat er Ritter aus dem ganzen Abendland eingeladen. Zwei von seinen Söhnen bekamen ihr Schwert verliehen, das war damals eine feierliche Handlung. 70 000 Ritter sollen an dem großen Fest teilgenommen haben. Man weiß natürlich nicht sicher, ob das stimmt, denn es ist schon so lange her. Und etwa 20 000 Ritter sollen bei dem Turnier – so nannte man die Ritterspiele – mitgemacht haben. Auch der Kaiser selber fehlte nicht dabei! Ja, über den mächtigen Kaiser Friedrich Rotbart gäbe es noch viel zu erzählen. Heute nachmittag wollen wir uns seine Pfalz anschauen.«

Die Ausflügler müssen feststellen, daß sie gar nicht so leicht zu finden ist, die alte Hofburg des Kaisers. Früher lag sie außerhalb der Stadt auf ihrer Insel. Inzwischen hat die Stadt sich längst weiter ausgebreitet. Von einer Insel ist gar nicht mehr viel zu erkennen. Eine ehemaliger Brücke ist in die Straße eingebaut. Und dann sind da hohe Bäume aufgewachsen, sie beschatten und umhüllen die Reste der Kaiserpfalz. –

Durch eine enge Gasse gelangen unsere Ausflügler zu einem kleinen Hof. Vor ihnen ragen die Mauern der Pfalz empor. Auf der linken Seite des Hofes ist das kleine Museum eingerichtet worden. Tante Lilo schlägt vor, daß sie es zuerst besichtigen sollten. »Dann sind wir gut vorbereitet«, meint sie.

In dem Museum ist auf einem großen Tisch ein Modell der Kaiserpfalz, wie sie früher gewesen ist, aufgebaut und daneben das Modell der Reichsstadt Gelnhausen. Das gucken sich die Kinder interessiert an. Zu Toms Enttäuschung sind hier im Museum keine alten Rüstungen zu sehen und auch keine Schwerter oder Spieße; nur Steinbrocken . . .

Aber dann finden sie einen kleinen Raum, in dem man sich einen Film anschauen kann, einen Film über den berühmten Kaiser Friedrich Barbarossa und sein Leben. Das fesselt die Kinder, wie er da auf einem edlen Pferde sitzt, mit einem weiten, wallenden Mantel aus kostbarem Stoff. Die Kinder wissen wohl, daß dies nicht der »richtige« Kaiser Barbarossa ist, denn vor 800 Jahren konnte man weder fotografieren noch filmen. Der Film ist mit Schauspielern gedreht worden. Und doch kann man sich durch den Film und die Erklärungen dazu alles ganz anschaulich vorstellen.

Tante Lilo kauft sich ein Büchlein über die Kaiserpfalz, dann bleiben sie vor der Torhalle und dem Torturm stehen. »Das sind aber dicke Mauern«, staunt Margit.

Sie schreiten durch die Torhalle mit ihren Säulen und Gewölben und gelangen in den Burghof. Über der Torhalle sind noch Mauerreste zu erkennen, und links ist eine Fassade stehengeblieben mit Fensterbogen, die von sehr schönen Säulen getragen werden, alles aus rotem Sandstein.

Tom entdeckt eine Treppe. Wenn man hinaufklettert, kommt man zu dem Raum über der Torhalle. Tante Lilo betrachtet sich die Säulen und die Fensterbogen und meint: »Dies muß einmal die Schloßkapelle gewesen sein – und das große Gebäude mit den Fensterarkaden, das sich links an die Kapelle anschließt, ist bestimmt der Palas.«

»Wie bitte? Palast?« fragt Toni.

»Nein, Palas ohne ›t‹«, antwortet Tante Lilo. »Der Palas ist das Hauptgebäude einer Burg. Er enthält die Wohnräume der Burgherrschaft und den großen Hauptraum der Burg, einen ›Mehrzweckraum‹, den man später gerne ›Rittersaal‹ genannt hat. Hier kam man zusammen, hier wurde meistens gegessen, hier wurden Feste gefeiert.«

Die Kinder springen nun auf dem weitläufigen Gelände der Burg herum, das von der Ringmauer umschlossen wird. Sie ist noch fast vollständig erhalten und war einmal zwei Meter dick! Tom, Toni und Margit finden, daß man auf dem Gelände der Pfalz herrlich spielen kann. Frau Kingstone-Rosenbrink hat sich ein geschütztes Plätzchen gesucht und studiert in Ruhe das Büchlein, das sie sich gekauft hat.

Auf einmal kommt Tom angelaufen und ruft atemlos: »Tante Lilo, ich habe den Bergfried gefunden! Die Reste davon. Du weißt doch, das ist der hohe, feste Turm einer Burg, der keine Treppe hat, und wohin sich die Burgbewohner bei Gefahr flüchten.«

Tante Lilo schaut in ihrem Büchlein nach. »Da haben wir es. ›Bergfried‹. Er hatte einmal 16 m im Durchmesser. Die Mauern waren 4 m dick; wie die Ringmauer, so sollte auch er mit

Buckelquadern gebaut werden, das sind diese dicken, nach außen gewölbten Steine. Aber er wurde nie fertig, der Bergfried. Eine Pfalz diente ja auch nicht in erster Linie der Verteidigung, sondern war der zeitweilige Wohnsitz des Kaisers und wurde auch gebraucht zur Verwaltung der umliegenden kaiserlichen Güter. – Der viereckige Turm neben der Torhalle war gleichzeitig Torturm und Bergfried. Er hatte nur eine Pforte von der Hofseite aus. Die lag 7½ m hoch und konnte nur über eine Leiter erreicht werden. – Wißt ihr, ich lese gerade, daß Kaiser Barbarossa die Pfalz geplant und begonnen hat und sicher auch schon darin wohnte: ganz fertig wurde sie wahrscheinlich erst unter seinem Sohn und Nachfolger Heinrich VI.«

Plötzlich steht auch Margit neben ihrer Mutter und macht große, runde Augen. »So viele Kaiser!« flüstert sie. »War er auch ein mächtiger Kaiser, dieser Heinrich?«

Die Mutter streicht ihr zärtlich über die blonden Locken. »O ja, das war er. Er heiratete Konstanze, die Prinzessin von Sizilien, und da sie die einzige Tochter des Königs war, fiel ihm dann auch noch das Königreich Sizilien in Süditalien zu.«

»Na, da hatte er aber zu tun!« brummt Tom. »Ein solches Riesenreich – da hätte ich ›Nee, danke!‹ gesagt.«

Frau Kingstone seufzt. »Vielleicht hätte er es geschafft, sein Reich zu erhalten und zu festigen, wenn er länger gelebt hätte – ein Weltreich, das so groß war wie das Römische Reich. Aber er hat nur sieben Jahre lang regiert, nachdem sein Vater Friedrich Rotbart im Flusse Saleph ertrunken war. Davon habt ihr ja gehört in dem Film. Das war 1190. Und 1197 starb sein Sohn Kaiser Heinrich der VI. an einem bösen Fieber.«

»Worüber sich keiner zu wundern braucht«, fällt Tom ein. »Er hat sich einfach überanstrengt.«

»Seine Gattin Kontanze überlebte ihn nur um ein Jahr«, fährt Tante Lilo fort. »Dann ist auch sie gestorben, und ihr einziges Kind, das nach seinem Großvater Friedrich hieß, blieb allein zurück. Es war erst vier Jahre alt.

Und nun wollen wir uns noch einmal den Palas anschauen,

das Hauptgebäude der Pfalz. Hier unten, wo ihr noch die kleinen Fensteröffnungen seht, haben die Hofleute des Kaisers gewohnt. Im ersten Obergeschoß, mit seinen schönen Fensterarkaden, lagen die Zimmer des Kaisers. Darüber hat es noch ein Stockwerk gegeben. Es enthielt wahrscheinlich einen großen, durchgehenden Saal. Auf dem Burggelände innerhalb der Ringmauer haben noch einige Wirtschaftsgebäude gestanden. Von denen ist nichts erhalten geblieben.«

»Wer hat denn das schöne Kaiserschloß kaputt gemacht?« fragte Margit. »Waren es die Feinde des Kaisers?«

»Nein, eigentlich nicht«, erwidert Tante Lilo. »Nach dem Tode Kaiser Rotbarts ist sein Sohn Heinrich VI. noch mehrmals hier gewesen in seiner Kaiserpfalz. Sein Sohn Friedrich II. wuchs in Süditalien, der Heimat seiner Mutter Konstanze, auf und betrachtete Italien als seine Heimat. Er hat niemals längere Zeit in Deutschland gewohnt. So verlor die Pfalz in Gelnhausen an Bedeutung und ist in Verfall geraten. Schon 200 Jahre nach ihrer Entstehung wies sie große Schäden auf. Nur die Burgkapelle hat man einigermaßen instand gehalten, denn dort wurden noch bis ins vorige Jahrhundert hinein Gottesdienste abgehalten.«

Als die Ausflügler wieder in Alt-Gonzenheim angelangt sind und um den Abendbrottisch sitzen, wendet sich Tante Else an Margit.

»Nun, mein Schätzchen, wie hat es dir denn in Kaiser Barbarossas Lieblingsstadt gefallen?«

»Es war schön«, antwortet Margit. »Man kann da fein spielen im Burghof. Und das Schloß des Kaisers war bestimmt sehr hübsch, als es noch ganz war. Jetzt ist es leider kaputt. Man kann nicht mehr viel damit anfangen.«

Tom brennt eine Frage auf der Seele: »Ob es Modell-Baukästen gibt, mit denen man eine Burg basteln kann, eine richtige Burg mit Ringmauer, Bergfried und Palas?« –

»Das glaube ich schon«, ist Tante Lilos Meinung.

»Dann wünsche ich mir einen solchen Baukasten von Papi

zum Geburtstag!« ruft Tom, und seine Augen glänzen vor Vorfreude.

Toni sagt gar nichts. Sie sitzt in Gedanken versunken da und knabbert an ihrem Apfel. Plötzlich hebt sie den Kopf und murmelt: »Schade, daß ich nicht schon früher gelebt habe; ich meine, vor 800 Jahren.«

Tom zuckt die Achseln. »Ach, ich weiß nicht . . . Diese alten Burgen und Schlösser sind ja sehr interessant. Doch besonders bequem und gemütlich zum Drin-Wohnen waren sie kaum.«

Toni wirft den Kopf zurück. »Warum nicht? Im Palas war ein schöner Kamin, und Holz hatten sie auch genug, da konnten sie ordentlich einheizen. Sie hatten sogar zwei Toiletten-Erker außen an der südlichen Ringmauer – nicht wahr, Tante Lilo? Das hast du uns doch erklärt. Das waren keine solchen primitiven ›Plumpsklos‹, wie wir sie früher mal hatten auf dem Tannenhof. An der Ringmauer floß unten ein Arm der Kinzig vorbei. Es waren Plumpsklos mit Wasserspülung.«

Da müssen alle lachen! Ist das nicht komisch: Plumpsklos mit Wasserspülung?

»Wenn ich damals gelebt hätte«, fährt Toni unbeirrt fort, »hätte ich den Kaiser Rotbart geheiratet.«

»Waas?« Vier Augenpaare starrten Toni verblüfft an. Margit faßt sich zuerst. »Nun freilich, dann wäre Toni Kaiserin geworden.«

»Kaiserin Antonia – klingt nicht übel«, stellt Tom fest.

Toni schnippt ungeduldig mit den Fingern. »Ach was, darum geht es gar nicht. Er gefällt mir eben. Weil er ein so schöner Mann war. Das haben sie in dem Film gesagt – erinnert ihr euch? nicht sehr groß – weil die Leute damals kleiner waren als heute –, aber ebenmäßig gewachsen, mit dem schönen, rotblonden Bart, blondem Haar und blauen Augen und einem edlen Gesicht. Er war ein guter König und guter Mensch – ganz bestimmt. Und fromm war er auch. Denn er hat eine Pilgerfahrt gemacht ins Heilige Land. Und dabei ist er leider ertrunken. In dem Fluß Saale.« –

»Saleph«, verbesserte Tante Lilo.

»Ich glaube nicht, daß er ertrunken ist«, mischt sich Tom hier ins Gespräch. »Er konnte bestimmt schwimmen. Aber er war vielleicht erhitzt, und das Wasser war kalt. Da hat er einen Herzschlag gekriegt. Ally (das ist die Großmutter der Zwillinge) hat uns immer davor gewarnt, erhitzt ins Wasser zu gehen.« –

Tante Else räuspert sich. »Das war keine Pilgerfahrt. Es war ein Kreuzzug, und diese Kreuzzüge waren sicher nicht nach Gottes Willen. Es waren Kriege.«

Doch Toni läßt nichts auf ihren Helden kommen: »Er hat gedacht, es wäre gut, ins Heilige Land zu fahren. Denn er war ein guter Mensch.«

Tante Lilo lächelt Toni an. »Ja, das war er wohl. Im Grunde liebte er den Frieden. Er galt als einer der liebenswürdigsten Menschen seiner Zeit. Darum wollten die Leute auch nicht glauben, daß er gestorben war. Sie sagten: Er schläft verborgen in einer Höhle im Berg Kyffhäuser in Thüringen. Eines Tages wird er aufwachen, und dann wird es ein neues Reich geben.«

»Und das kann nur Europa sein – hat Papi gesagt«, fügt Tom hinzu.

Wenn die Sonne ihren Schein verliert

Margit Kingstone steht am Fenster und guckt hinaus. Ein rauher Wind treibt tiefhängende graue Regenwolken über den Himmel. Dann und wann prasselt ein Schauer hernieder. Die Landschaft sieht düster und trostlos aus – gar nicht mehr nach Frühling. Toni tritt neben Margit ans Fenster und schüttelt sich. »Brr, was für ein gräßliches Wetter!«

»Nein«, widerspricht Margit, »es ist das richtige Wetter für heute. Wir haben Karfreitag. Da hat die Sonne ihren Schein verloren. Alles trauert, die ganze Erde, weil Jesus am Kreuz gestorben ist.«

»Das war erst auf Mittag, als die Finsternis kam«, erinnert sich Toni. »Von 12 Uhr bis drei Uhr nachmittags. Um drei Uhr ist Jesus gestorben.«

»Heute ist es den ganzen Tag finster«, fährt Margit fort. »Wir sollen alle trauern. Weil Jesus gestorben ist.«

»Kommt zum Frühstück, Kinder!« ruft Tante Else.

Margit schüttelt den Kopf. »Nein, heute esse ich nichts. Weil Jesus gestorben ist. Es ist ein sehr trauriger Tag.«

Tante Else nickt. »Das ist es. Ein ernster Tag. Aber du solltest doch wenigstens einen Becher Milch trinken. Erwachsene können schon mal fasten. Für Kinder ist das nicht gut. Ihr wollt doch morgen mit Vater Osterwald auf den Tannenhof fahren. Wenn du dann ganz schwach bist, kannst du nicht mitfahren.«

Oh weh! Nein, das geht nicht. Margit muß auf den Tannenhof. Sie möchte Großmutter Tanner wiedersehen und Onkel Till und seine Frau Linda und das weiße Kätzchen, das die Kinder im Herbst auf den Namen »Prinzeß« getauft haben. Es ist die Schwester von Margits geliebtem Kater Blacky. Die Mutter der Kätzchen heißt Minka. – Zögernd tritt Margit an den Frühstückstisch und trinkt einen Becher Milch.

Sie bedauert es, daß heute kein Kindergottesdienst stattfindet. Dafür haben die Erwachsenen am Karfreitag zweimal Gottesdienst: am Vormittag und nachmittags um 15 Uhr, zur Todesstunde Jesu. Frau Kingstone geht am Vormittag in die Kirche und Frau Else Witt am Nachmittag. –

Den Kindern schneit am Nachmittag unerwarteter Besuch ins Haus: Tatjana Trabert. Durch Wind, Regel und Graupelschauer hat sie sich durchgekämpft bis nach Alt-Gonzenheim. Sie hat ihre Kinderbibel mitgebracht, schön verpackt in einem Plastikbeutel.

»Toni«, ruft Tatjana mit kläglicher Stimme und holt ihre Kinderbibel hervor. »Schau, ich habe die Geschichten gelesen, die du mir gezeigt hattest, die zu dem heutigen Tag gehören, zu Karfreitag. Hier, von Seite 236 bis Seite 244. Sie heißen: Jesus wird verhaftet. Jesus wird verhört. Jesus wird

verleugnet. Jesus wird verurteilt. Jesus wird gekreuzigt. – O Toni! O Tom! Ist das nicht schrecklich? Er hat ihnen nur Gutes getan. Er hat die Kranken geheilt und den Hungrigen Brot gegeben und den Armen geholfen und die Traurigen getröstet und die Kinder gesegnet. Nur lauter Gutes! Und sie? Sie haben ihn verhaftet und verurteilt und verspottet und mißhandelt und geschlagen und an ein Kreuz genagelt . . . « – Und Tatjana bricht in Tränen aus.

»Ja. Es war ganz fürchterlich«, nickt Margit betrübt. »Darum hat ja auch die Sonne ihren Schein verloren. Sie konnte es nicht mit ansehen. Die ganze Welt hat getrauert. Und die Erde hat vor Kummer gebebt.«

»Alle haben ihn verlassen«, schluchzt Tatjana. »Keiner hat ihm geholfen. Zuerst hieß es: Jesus, der Retter, ist da! Nun ist er tot.«

»Der Vorhang im Tempel ist zerrissen in zwei Stücke, mitten durch«, fährt Toni fort. »Unsere Großmutter hat uns erklärt, was das bedeutet: Jetzt ist Gott uns wieder gut, obwohl wir oft böse sind. Er sagt: Kommt nur her zu mir, der Weg ist frei. Ich habe euch alle lieb. Es steht nichts mehr zwischen uns.«

»Er ist tot«, klagt Tatjana trostlos.

»Jesus mußte doch hinuntersteigen ins Totenreich«, erklärt ihr Tom, »damit er dem Tod die Schlüssel wegnehmen konnte. Nun hat er aufgeschlossen und sie herausgeführt, die Gestorbenen. Und dann hat er den anderen Schlüssel genommen und die Pforte zum Paradies geöffnet. Der Engel mit dem Flammenschwert hat ja den Paradiesgarten bewacht. Da durfte keiner rein. Nun ist das Tor offen, und wenn einer stirbt und Jesus lieb hat und ihm vertraut, dann darf er zu Jesus in den Paradiesgarten. Unsere Mutti ist schon dort, und wenn wir sterben, kommen wir auch dorthin. Denn wir haben den Herrn Jesus lieb und danken ihm, daß er für uns gestorben ist.«

Toni lächelt Tatjana ermutigend an. »Heute ist Karfreitag, und morgen ist Karsamstag oder Stiller Samstag. Und dann ist Ostern! Da freuen wir uns, daß Jesus lebt. Er ist nicht im Grab geblieben. Schau, hier ist das Bild auf Seite 245. Da siehst du die Grabhöhle. Der große Stein ist weggewälzt, und das Grab ist leer.«

»Ich habe meine Oma gesehen, als sie tot war«, flüstert Tatjana. »Da ist alles aus. Sie war ganz steif und kalt.«

»Es ist wie bei den Schmetterlingen«, sagt Tom. »Zuerst sind sie Raupen. Die kriechen bloß herum und fressen und fressen. Eines Tages verpuppen sie sich. Hast du dir schon mal solch eine Puppe angeschaut? Die sieht aus wie tot, ganz steif und starr. Aber ganz innen drin ist noch Leben. Und eines Tages kommt der schöne Schmetterling herausgekrochen.«

Zögernd blickt Tatjana ihre Freunde an. Sie glauben es, daß Jesus lebt, und seine Liebe lebt in ihnen. Sonst hätten sie Tatjana niemals ihre Kinderbibel geschenkt. Er lebt! Er lebt! Er ist nicht im Tod und nicht im Grab geblieben. Der traurige Karfreitag und der stille Karsamstag werden vorübergehen. Und übermorgen ist Ostern!

Die Osterüberraschung auf dem Tannenhof

Herrlich war es, wieder daheim zu sein auf dem Tannenhof, bei den Menschen, die einem so sehr am Herzen liegen. – Nachdem die Kinder Großmutter Tanner, Onkel Till, seine junge Frau Linda und den Schäferhund Harro begrüßt hatten, lief Tom in den Stall, um nach den Tieren zu schauen, während Toni im Garten die Gemüsebeete begutachtete, und Margit mit den Katzen Minka und Prinzeß spielte.

Nach dem reichhaltigen Abendessen, bei dem die Kinder sich nach Herzenslust gütlich tun durften an selbstgebackenem Brot, hausgemachter Wurst, Schinken, Quark und Eiern, sagte die Großmutter: »Nun wollen wir euch gründlich duschen, ihr Kinder, damit der ganze Reisestaub abgewaschen wird, und dann marsch, marsch, ab ins Bett! Denn morgen ist Ostern, und zu Ostern muß man früh aufstehen, wenn man noch Ostereier finden will!«

Und Toni war auch beizeiten wach am Ostermorgen. War sie nicht schon immer ein kleiner Frühaufsteher gewesen? – Auch heute rüttelt sie ihren Zwillingsbruder: »He, Tom, wach auf! Es ist Ostern! Wer zuerst kommt, sammelt die meisten Ostereier ein.« Das wirkt! Plötzlich ist auch Tom hellwach.

»Wie schön, daß wir wieder in unserem geliebten Grünen Zimmer sind!« seufzt er zufrieden.

»Erinnerst du dich noch an unsere Morgenregel, die Ally uns gelehrt hatte?« fragt Toni. »Erst beten, dann waschen, dann anziehen, dann frühstücken.«

»Heute wollen wir singen! Weil Ostern ist«, schlägt Tom vor. »Ein Halleluja-Lied.«

Damit ist Toni ganz einverstanden. Tante Lilo hat die Kinder ein schönes Halleluja-Osterlied gelehrt:

»Wir wollen alle fröhlich sein
in dieser österlichen Zeit;

denn unser Heil hat Gott bereit.
Halleluja, Halleluja, Halleluja, Halleluja,
gelobet sei Christus, Marien Sohn.«

Tom ist für »Schnellwäsche«, da sie ja erst am Abend zuvor geduscht haben. Doch Toni meint, an einem Festtag wie Ostern müßte man ganz sauber sein! Da zieht man ja auch seine Festtagskleider an.

Als die Zwillinge in die Wohnküche gelaufen kommen, ist dort schon der Ostertisch fertig gedeckt und sogar mit Frühlingsblumen geschmückt. Das hat bestimmt Onkel Tills junge Frau Linda getan! Sie stammt aus dem Gasthof zur Linde in dem Luftkurort Lindenhain, und dort hatte Linda auch immer Blumenvasen auf die Tische in der Gaststube gestellt.

In der Mitte des Tisches prangt ein Osterkranz mit Mandeln und Rosinen, und vor jedem Platz stehen bunte Ostereier in Eierbechern. »Christus ist auferstanden!« ruft Großmutter Tanner ihren Enkeln als Ostergruß entgegen, und die Zwillinge antworten, wie »Ally« es sie gelehrt hatte: »Er ist wahrhaftig auferstanden.« Eben taucht auch Margit auf und ruft verwirrt und ein wenig kläglich: »Wo ist denn meine Mami?«

Jetzt schauen sich die Zwillinge um, blicken sich verblüfft an und fragen wie aus einem Mund: »Und wo ist unser Papi?« –

»Nun setzt euch nur mal und fangt schon an zu frühstükken«, beruhigt sie die Großmutter. »Euer Vater und Frau Kingstone sind nach Siebenbergen gefahren auf den Friedhof, zu dem Grab eurer Mutter. Am Ostermorgen besuchen wir gern die Ruhestätten unserer Lieben, bringen ihnen Blumensträuße und freuen uns, daß Jesus den Tod besiegt hat.«

»Warum haben sie uns denn nicht mitgenommen?« klagt Tom, und Toni fügt hinzu: »Wir sind so gern im Stillen Garten.« So nennen die Zwillinge den Friedhof von Siebenbergen.

»Los, eßt doch!« fordert Onkel Till die Kinder auf. »Wir wollen doch nachher sehen, ob der Osterhase schon dagewesen ist.«

Heute lacht die Sonne – ganz wie es sich gehört für einen

Ostertag! Da kann man draußen im Garten Ostereier suchen. Vielleicht auch in der Scheune oder im Stall?

Die Kinder fangen an zu frühstücken, doch sie lauschen immer wieder nach draußen. Endlich hören sie ein Auto auf den Hof fahren. Vater Osterwald und Tante Lilo kommen herein. Sie gehen langsam und irgendwie feierlich und halten sich an den Händen gefaßt. Auf ihren Gesichtern liegt ein besonderer Glanz. Ist es der Abglanz der Ostersonne?

»Wir haben einen großen Entschluß gefaßt!« verkündet

Armin Osterwald. »Aus zwei halben Familien soll eine ganze Familie werden. Ich denke,daß auch eure Mutter sich freuen würde, Tom und Toni, wenn ihre Kinder nicht als Halbwaisen aufwachsen müssen, sondern wieder eine liebevolle Mutter haben werden.«

Die Kinder und die Erwachsenen – sie alle staunen das glückliche junge Paar überrascht an. Es ist die kleine Margit, die zuerst die Sprache wiederfindet: »Au fein, dann kriege ich endlich einen richtigen Papi!«

»Ich denke, das ist eine sehr gute Lösung für euch alle«, meint Großmutter Tanner. –

»Und wo werden wir wohnen?« möchte die praktische Toni wissen. »In Frankfurt oder in Bad Homburg?«

»Wahrscheinlich bei uns in Bad Homburg«, lächelt Tante Lilo. »Unser Haus in Alt-Gonzenheim ist groß genug für uns alle.«

»Ja, wir müssen es nur etwas umbauen«, fügt Vater Osterwald hinzu.

Toni nickt. »Natürlich. Es muß eine Gasheizung eingebaut werden.«

Nur Tom schaut etwas betreten drein und murmelt. »Eigentlich wollte ich ja die schöne junge Lilofee heiraten.«

Der Vater streicht ihm freundlich übers Haar. »Ich weiß, mein Junge. Es würde nur zu lange dauern, bis du groß bist. So lange möchte Tante Lilo nicht warten. Sie hätte gern wieder einen treuen Gefährten, nachdem Margits Vater sie so schmählich im Stich gelassen hat. Und auch ich habe so lange allein leben müssen in Frankfurt. Jetzt wollen wir alle zusammen eine glückliche Familie werden. Und bis du groß bist, Tommy, ist vielleicht eine neue junge Fee herangewachsen, die genauso schön und genauso lieb sein wird wie ihre Mutter.«

Der Vater meint Margit! Und das, findet Tom, ist gar kein schlechter Gedanke. Jetzt wird sie erstmal seine »richtige« Schwester. Es ist schön, zwei Schwestern zu haben!

Unter Lachen, Schwatzen und Beglückwünschen lassen

sich alle am Ostertisch nieder und genießen die Köstlichkeiten, die Linda Tanner ihnen aufgetischt hat. Nachher geht es an die Ostereiersuche. Gibt das einen Jubel! Vater Osterwald und seine Braut Lilo müssen auch mitsuchen. Es sind viele schöne, bunt gefärbte Hühnereier versteckt worden, und die sind gar nicht leicht zu finden! Auf die Kinder warten noch andere Überraschungen: Schokoladeneier, Marzipaneier, Nougateier, Zuckereier und außerdem für jeden ein großer Schokoladenosterhase und ein niedliches weißes Plüschosterhäschen und ein weiches, gelbes Osterküken, das piepst, wenn man es in die Hand nimmt. Für Tante Lilo hat Vater Osterwald ein Riesen-Schokoladen-Osterei versteckt, das wunderhübsch verziert ist und von allen sehr bewundert wird. –

Am Nachmittag nach dem Kaffeetrinken sitzt die ganze Familie noch gemütlich beisammen auf den weißen Gartenstühlen unter den rauschenden Tannen. Margit hat sich das Knie ihres neuen Vaters als Lieblingsplatz erwählt, und Toni schmiegt sich zärtlich an ihre neue Mutter, die immer so gut duftet nach Blumenseife. Tom lehnt sich zufrieden an seinen Patenonkel Till, den er schon immer sehr gern gehabt hat.

Plötzlich sagt Tom: »Er hat recht gehabt, dieser Dichter mit dem Vornamen Ludwig: die Welt wird schöner mit jedem Tag – man weiß nicht, was noch werden mag – das Blühen will nicht enden. Und nun wird alles, alles anders.«

»Das stimmt«, bestätigt Vater Osterwald. »Das arme Herz darf nun die ganze Qual – allen Kummer – vergessen, denn nun muß sich ja alles wenden. Das hat Ludwig Uhland sehr schön ausgedrückt.« –

Toni wird noch von einer wichtigen Frage bewegt: »Wie wirst du denn jetzt heißen, Tante Lilo? Frau Kingstone-Rosenbrink-Osterwald?«

»Ach nein, das wäre doch zu umständlich«, lächelt Tante Lilo. »Wenn wir verheiratet sind, heißen wir alle miteinander Osterwald. Das genügt.«

»Wir wollen singen!« schlägt Toni vor. »Lauter schöne, fröhiche Oster-Halleluja-Lieder!«

»Und noch Lob- und Danklieder«, fügt Großmutter Tanner hinzu. »Denn wir haben heute sehr viel Grund zum Danken.«

»Und zuletzt singen wir dann noch das Tannenhof-Lied!« ruft Tom begeistert.

»Natürlich«, nickt Tante Lilo, »denn ohne den Tannenhof hätten wir einander ja nie kennengelernt.«

Glückselig summt Tom den letzten Vers vor sich hin:

»Auf dem Tannhof, auf dem Tannhof
wohnen Friede und Glück.
Wer nur einmal dort gewesen,
der kehrt immer zurück.«

Weitere Bücher für Jungen und Mädchen von Hildegard Krug:

Die Roten Adler von Runkelsbühl

TELOS-Kindertaschenbuch Nr. 73023, 144 Seiten, ca. DM 6,80

Leni und Loni, die beiden »Leuchtraketchen«, ziehen mit ihren Eltern um. In Runkelsbühl stoßen sie zu dem Klub der Roten Adler, dem evangelischen Kinderkreis. Die eifrigen Roten Adler veranstalten dann einen Missionsbasar, und jedes Kind hilft auf seine Weise mit. Das wird eine ganz tolle Sache!

Unvergeßliche Ferien der Wisselmanns auf dem Brunnenhof

Ein Vorlesebuch – TELOS-Kindertaschenbuch Nr. 73052, 120 Seiten, illustriert, ca. DM 8,80

Die Wisselmanns helfen eifrig mit, Beates Hochzeit vorzubereiten. Plötzlich ist ihr kostbarer Brautschmuck verschwunden. Ob er gestohlen worden ist?

Verlag der St.-Johannis-Druckerei, Postfach 5, 7630 Lahr

Aus der beliebten Vorlesebuchreihe für die Adventszeit:

Die sonderbaren Nachbarn von Familie Wisselmann

TELOS-Kindertaschenbuch Nr. 73056,
192 Seiten mit 12 Illustrationen,
ca. DM 11,80

In dieser 10. Folge von Weihnachtsgeschichten über die Familie Wisselmann steht Senioren- und Nachbarschaftshilfe auf dem Adventsprogramm. Dann müssen noch drei Waisenkinder aufgenommen werden. Es wird eine aufregende Adventszeit.

Harte Nüsse im Advent für Familie Wisselmann

TELOS-Kindertaschenbuch Nr. 73068,
176 Seiten mit 14 Illustrationen,
ca. DM 10.80

In diesem 12. Fortsetzungsband bereiten die Wisselmanns eine Doppelhochzeit vor. Plötzlich tauchen schwierige Probleme auf. Ob sie diese »harten Nüsse« knacken werden?

Verlag der St.-Johannis-Druckerei,
Postfach 5, 7630 Lahr